아직도 나는 꿈을 꾼다

최학 수필집

아직도 나는 꿈을 꾼다

최학 수필집

좋은수필사

| 책머리에 |

늦은 밤 책을 읽다가 무심코 고개를 들자 창문 커튼 사이로 보이는 먼 산기슭의 집들은 불이 꺼진 채 하얗게 눈 덮인 세상 속에 눈 이불을 덮고 잠들어 있다. 가느다란 불빛 하나가 마을 끝자락에서 어둠을 뚫고 유난히 반짝인다. 하나님께서 외로운 이웃을 위해 보낸 성령의 빛이려나. 한밤의 정적 속에 이렇게 아름답고 평화로운 세상을 볼 수 있다는 것이 나에게는 한없는 축복이다.

지금 내 앞에는 한 점의 티끌도 용서할 수 없을 만큼 깨끗한 세상이 펼쳐져 있다. 저처럼 청정한 세상에 이르는 작은 디딤돌이 될 수 있다면 하는 심정으로 글을 쓰고 싶다. 사노라면 갖가지 사연의 추억도 쌓이기 마련이다. 그런 사념과 서정들을 동면冬眠에서 깨어난 나무들이 새싹을 피우듯 때 묻지 않고 진솔한 글을 쓰고도 싶었지만 마음 같지 않았다.

수필은 나비가 날듯 가볍게 쓰고 벌침의 아픔 같은 감동을 주어야 한다. 언어로 그린 마음의 그림이기에 무르익은 경험이 담겨야 제 맛이 난다고 한다. 글을 쓸 때마다 나에게는 그런 것이 부족하다는 것을 절감한다.

그래서 글 쓰는 일이 즐거움 못지않게 두렵기도 하다. 그런 중에도 시한부 삶의 극점을 넘나든 병력病歷을 가진 것이 오히려 다행이라 할까, 스스로 글을 거짓 없이 쓰라고 늘 채찍질 하고 있으니….

내안에 고여 있는 생각들을 뽑아 시詩를 쓰고 수필隨筆을 써서 책으로 낸다는 것이 얼음 위를 걷듯 조심스럽다. 헌데 꽃다운 나이에 나와 결혼해서 여태껏 고생하며 살아준 아내의 회갑을 맞아 그 기념으로 여러 잡지에 발표한 수필들을 묶어 보았다. 여기 선보이는 것들이 한편이라도 아니 한 문절이라도 누군가의 심상心像에 작은 울림이나마 줄 수 있다면 다행이겠다.

언제나 신선한 격려를 아끼지 않는 문우들과, 책을 내는데 심혈을 기울여 도와준 좋은수필사 직원 여러분께 감사의 말씀 드린다.

2008년 이른 봄

최 학

차 례

제3부 _ 봄날 진주의 눈물을 보다

제4부 _ 내 안에 두고 싶은 산

제5부 _ 덤으로 사는 인생

제6부 _ 동화사 목어를 만난 날

제1부 개미의 항변

적진 속 정글에서의 2박 3일

운주사

개미의 항변

호號 이야기

군자란

이사

적진 속 정글에서의 2박 3일

월남에 발을 디딘 순간부터 야전의 일선 소대는 긴장의 연속이었다. 여기저기서 밤낮없이 포탄이 터졌고 사상자와 부상병이 속출했다. 아침에 눈을 뜨면 삶의 희망보다 죽음의 공포가 먼저 일어나 기지개를 켰다. 게다가 사계절도 뚜렷하지 않고 더구나 여름철은 견딜 수 없이 무덥고 해충이 들끓었다. 밤과 낮의 기온 차는 왜 그리 심한지 어지간히 건강한 사람도 기후에 적응하지 못해 풍토병에 걸리기 십상이다.

그 해 여름, 내가 소속된 부대는 대규모 작전에 참가하고 있었다. 따가운 햇살이 무섭게 내리 꽂히던 날, 부대장으로부터 작전지역 정찰 명령을 받았다. 소대원을 인솔하여 부대를 출발하는 순간부터 몸에 땀이 배었다.

정글 속을 뚫고, 뚫고 정찰지역에 접근해 갔다. 하지만 정글 속의 밤은 순식간에 다가왔다. 우리가 목표했던 지점에 도착하기 전에 갑자기 어둠이 닥쳤다. 그 자리에 호壕를 구축하고 야간 매복 작전에 들어갔다. 밤이 깊어지자 나뭇가지 휘둘리는 소리며 부스럭거리는 소리가 두려움으로 가슴을 조여 오고 베트콩들이 우리를 기습하러 오는 것만 같아 온 신경에 날이 선 속에 하루 밤을 무사히 넘겼다.

다음날은 어제 미처 수행하지 못한 임무를 마치고 그날의 임무를 수행하기 위해 새벽녘에 출발했다. 첫 번째 목표를 지나 두 번째 지점을 향해 가던 중이었다. 하늘은 수목으로 덮여 보이지 않고 몇 미터도 분간할 수 없는 밀림 속 어둠이 앞을 콱 막았다. 몇몇 병사들에게 경계를 세우고 정글도刀로 뒤엉켜 길을 막고 있는 나뭇가지와 칡 넝쿨을 쳐 내었다. 하지만 칼을 휘두르면 휘두를수록 더 얽히고 설켜 도무지 길은 트이지 않았다. 진퇴양난이었다. 그렇게 한 나절을 정글에 갇혀 헤매다보니 우리가 어디쯤 와 있는지 가야 할 목표 지점이 어디인지 알 수가 없었다. 방향을 잃은 것이다.

수타식手打式 연막탄을 올리고 상급부대에 현 위치와 전진할 목표지점을 확인해 달라는 요청 신호를 무전으로 보냈다. 전파를 타고 들려오는 명령은 내 귀를 의심케 했다. 적진에 너무 깊숙이 들어갔으니 곧바로 철수하라는 거였다. 그리고 무전을 자주 치면 적에게 발각되니 꺼두라고 했다. 그 말을 듣는 순간 머리 끝이 하늘로 쭈뼛쭈뼛 올라갔다.

촉각이 곤두서 풀잎 스러지는 소리에도 총구를 겨누었다. 우리보다 먼저 적의 총구가 우리를 향해 불을 뿜을 것 같았다. 우리는 다른 병사들의 갈잎을 밟는 소리에도 놀라 총부리를 들이댔다. 한 순간도 긴장을 풀 수가 없다. 방향을 잡아 앞으로 나갔지만 숲은 우리에게 좀처럼 길을 내어주지 않는다. 앞으로 나가려 하면 첩첩 정글이고 주위를 살피려 몇 발자국만 옆으로 옮기면 절벽이다.

점점 미궁으로 빠지고 있었다. 긴장은 더욱 고조되고 게다가 더위마저 기승을 부렸다. 그렇다고 구조요청 신호를 또 보낼 수도 없다. 설상가상으로 식수마저 떨어져 목이 타 견딜 수가 없다. 얼마쯤 지나자 병사들은 지치고 탈수현상으로 쓰러지기 시작했다. 전 소대원의 목숨이 나에게 달려있었다.

나 역시 긴장과 더위를 견디기 힘들었지만 나마저 쓰러진다면 이 긴박한 상황에서 아무도 소대원을 구출할 수 없을 것만 같아 정신을 가다듬었다. 위기를 어떻게든지 헤쳐 나가야만했다. 방향을 설정한 쪽으로 조금씩 전진해 가면서 병사들에게 상급부대에서 우리를 구출하기 위해 모든 수단을 강구하고 있으니 조금만 참고 견디자 했고 고향에 계신 부모형제를 생각하며 힘내라고 독려했다. 하지만 그다지 희망적이질 못했다.

그러나 나는 스스로 그렇게 절망에 빠지는 나를 용서할 수가 없었다. 눈을 부릅떴다. 이곳이 설사 이승이 아닌 지옥이라도 나는 반드시 헤쳐 나가야만 한다. 그때 나에겐 오직 나이 어린 병사들의 처진 어깨와 희미해져 가는 눈빛의 애처로움만이 있었다. 그들을 살려야 한다. 그들을 살려서 무사히 고향의 부모님께 돌려보내야 한다. 가난을 이기기 위해 목숨 걸고 달려 온 이 사지에서 그들을 죽게 내버려 둘 순 없다. 그들에게 전쟁은 목숨을 건 도박이다.

그들이 왜 이 먼 타국의 전쟁에 끼어들어 산화해야 하는가? 여기에 온 표면상 명분은 공산주의자들을 몰아내고 세계 평화를 위해 왔다고 하지만 이념의 열정으로 온 것이 아니다. 다만 뼈저린 가난이 그들을 이곳으로 보냈을 뿐이다. 동생의 학비를 위해 아버지의 병원비를 위해 그들은 킬링필드에 들어온 것이다. 그런 그들을 죽일 수는 없다. 나는 가물가물 희미해져 가는 의식을 다 잡으면서 다시 두 눈을 부릅떴다.

그때였다. 앞서가던 병사가 "소대장님! 여기 물이 있어요." 외쳐대는 한 마디에 베트콩 지역이라는 것도 잊은 채 모두가 소리 나는 곳을 향해 우르르 달려갔다. 바로 물을 마시기 위해 달려가는 그 순간, 모두에게서 죽음의 공포는 사라져 버렸다. 아는가? 죽음의 공포보다 목이 타들어 가는 갈증이 더 절박한 현실이고 본능적이며 원초적인 욕구라는 걸. 적을 의식하고 고조되었던 긴장은 물을 보자 잠시 잊혀졌다. 지금 생각하면 아찔

한 일이다. 그 때 그 부산한 소리가 베트콩에게 들렸더라면 어찌되었겠는가.

그곳에는 정말 물이 있었다. 하지만 옹색한 웅덩이 주변에는 야생 물소 떼의 발자국과 배설물이 여기저기 널려 있고 오랫동안 고였던 물이라 까뭇까뭇 이끼까지 끼었다. 더구나 겨우 웃물만 떠낼 수 있을 만큼 적은 양이다. 소대원이 그 물을 수통에 담아 제일 먼저 나에게 주었다. 믿을 수 없는 물이지만 차후의 문제는 생각할 겨를도 없이 소독약을 타서 소대원과 같이 나누어 마시고 다른 병사들도 그렇게 했다.

병사는 자기도 견디기 힘들만큼 갈증이 심했을 텐데 그는 소대장인 나에게 먼저 물을 주었다. 전쟁터가 아니었다면 도저히 있을 수 없는 일이다. 작은 수통의 물이 생명수가 되었다. 갈증이 조금 가시자 공포가 다시 밀물처럼 밀려왔다. 바람 소리에도 귀를 곤두세우며 숨을 죽였다. 엎드려 있으려면 몸에서 나는 땀 냄새며 지열이 숨구멍을 콱콱 틀어막았다.

상황을 살펴가며 조금씩 앞으로 나갈 때마다 넘어지고 미끄러져 상처가 깊었지만 아픈 줄도 몰랐다. 어떻게 해서든지 이 정글을 벗어나야 했다. 오직 전진만이 살 길이다. 하늘이 원망스러웠다. 이 모든 공포와 불안, 긴장이 하늘의 저주 같았다. 무슨 죄를 졌기에 이토록 가혹한가라고 원망하다가 무조건 용서를 빌었고 용서를 빌다가 또 원망을 했다.

그런데도 밤은 또 찾아왔다. 밤을 넘기려면 호를 구축해야 한다. 하지만 그것마저 팔 수 있는 힘이 없어 주위의 바위나 나무 등걸에 몸을 의지한 채 밤을 새웠다. 병사들은 몸을 땅바닥에 맡기듯 쓰러졌다. 앞서 목을 조금 축였지만 식수가 없으니 비상식량 C 레이션이 있어도 먹을 수가 없다. 그러나 허기와 갈증보다 더 참기 힘든 것은 쏟아지는 잠이었다. 병사들은 기진맥진하여 곯아 떨어졌다. 베트콩 지역이라는 사실을 까맣게 잊은 듯 했다.

코 고는 소리가 여기저기서 들렸다. 야간에는 작은 소리도 멀리 들리는데 병사들은 그런 것까지 생각할 수 없을 만큼 지쳐 있었다. 적들이 공격해 온다 해도 속수무책으로 당할 수밖에 없었다. 극성스러운 모기떼며 산짐승들이 지나는 소리가 적이 접근해 오는 것처럼 들려 온 몸이 오싹오싹 소름이 끼쳐 왔고 가슴이 조여 왔지만 병사들의 잠을 밀어내지는 못했다. 나 역시 눈꺼풀이 천근만근이었고 순간순간 쏟아지는 잠을 어쩔 수가 없었다. 대검으로 허벅지를 콕콕 찌르며 참았지만 그도 잠시, 파도처럼 밀려오는 잠은 죽음보다도 더 무서웠다. 졸다 깨다를 반복하면서 나마저 잠들면 적의 기습에 몰살을 면치 못할 것 같아 정신을 차리곤 했다.

아침이 밝아 오자 또 하룻 밤을 무사히 넘겼다는 안도의 한숨이 나왔다. 몸을 움직이려니 바위를 울러 맨 것처럼 무거웠다. 그래도 병사들을 한 사람 한 사람씩 일으켜 세웠다. 그러면서 조금만 참으면 우리를 반겨줄 전우가 있고, 살아서 귀국하면 사랑하는 애인이 너희들을 기다리고 있지 않느냐고 말을 했지만 그 때마다 멀건 눈으로 나를 쳐다만 볼 뿐 도무지 내 말을 듣는 것 같지 않았다.

그래도 어쩌랴, 여기 있으면 죽는다. 병사들은 무의식적으로 기계적으로 그저 걸었다. 걷는다기보다는 죽을힘을 다하여 용을 쓰는 것이다. 시간은 멈춘 듯 했고 걷고 있지만 제자리걸음일 뿐 앞으로 나아가지 못하고 있다는 생각이 문득문득 들곤 했다. 지금 상황이 꿈일지도 모른다. 그러니 꿈을 깨야 한다. 나는 정신을 차리려고 두 눈에 힘을 주었다.

그때였다. 툭 트인 초원이 나타났다. 그곳이 어디인지는 몰라도 이제는 살았다는 생각이 번득 들면서 동시에 확실히 이건 꿈이 아니었다. 병사들도 초원을 보자 이제는 어느 정도 안심이 되는지 대열을 갖추었다. 곧바로 "위치는 확인할 수 없지만 초원에 나왔음." 하고 상급부대에 무전을 전송했다. 알았다는 상대의 대답을 들었을 때 그 반가움을 무어라 할 수 있을까. 그건 이제부터는 걱정 말라는 천사의 목소리였고 아니 신의 음성이었다. 이제야 사지를 벗어났다는 생각에 힘이 솟았다.

얼마쯤 지나자 신호탄을 쏘아 올리라는 연락이 왔다. 헬기가 날아왔다. 그때서야 병사들은 엉엉 소리 내어 울었고, 긴장이 풀려 정신을 잃고 쓰러지기도 했다. 헬기를 타고 나서야 상처 난 곳을 만지며 통증을 호소하기도 했다. 몸의 상처가 깊은 병사도 있었지만 천신만고 끝에 한 사람의 희생자도 없이 임무를 마쳤다. 길고 길었던 단 2박 3일 간 적진을 헤매었고 성공적으로 탈출했다. 그것은 인간의 극한을 치달으리만치 긴장과 고통의 연속이었지만 병사들이 나를 믿고 따라 주었고 그래서 임무는 완전하게 수행한 것이었다.

그때만큼 내가 생생하게 살아 있음을 실감한 적은 없었다. 살아 있음을 실감한다는 것이 어쩌면 행복인지도 모른다. 내가 가장 빛났던 것도 그때가 아니었나 싶다. 하기야 전쟁터에서 상황이 급할 때 고향에 계신 부모를 찾지 않고 자기 목숨을 구해 줄 소대장을 부른다지 않던가.

운주사雲柱寺

산이 높으면 골도 깊다. 맑은 물 바람소리가 산뜻하고 상쾌하다. 범속한 세상을 등진 고즈넉한 운주사를 찾았다. 대웅전에서 노승이 일체의 번뇌에서 해탈한 불생불멸의 경지를 닦으며 열반상락涅槃常樂을 깨치는 듯 염불 소리가 산사를 맴돈다. 종각에서는 회색 장삼을 입은 스님이 번뇌를 끊고 평화로운 마음을 지니라고 하는 것일까. 둥~둥 치는 범종의 메아리가 내 가슴에 알 수 없는 잔물결로 일렁인다. 중생들의 마음을 향기롭게 만든다는 운주사를 찾아 노승의 염불에 취했음인지 불현듯 시상이 떠올라 몇 자 옮겨 보았다.

저녁 공양 마친 스님이 / 고요가 안개처럼 깔린
절 마당을 / 지나가고
그 빈자리에 / 낙엽이 내려앉는다.

풀벌레도 / 침묵의 눈 감을 즈음
처마 끝에 매달린 / 풍경이 어둠을 깨운다.

별은 실금으로 내려 / 쓸면 쓸수록
은빛 싸라기 / 쌓이는데

노승의 열반 상락 / 깨치는 소리
절 마당 스치는 바람 따라 / 석탑을 맴돈다.

— 적요寂寥

운주사는 무등의 끝자락과 천태산 사이에 자리 잡은 오래된 절이다. 여느 산사와는 달리 입구부터 평지다. 석탑과 석불 석등이 절 안 뿐 아니라 밖의 논둑, 밭둑, 노변, 산과 계곡 여기저기에 산재해 있는 것이 특이하다.

이른 봄이지만 솔향기 그윽한 바람이 석탑 사이를 스치고 얼굴에 부딪혀 잘게 부서진 햇살이 포근하다. 아이들과 함께 나들이 나온 가족, 손잡고 걷는 연인들의 모습이 정겹다.

운주사란 이름은 구름으로 지어진 절이라는 뜻이라고 한다. 그래서인지 세워진 배경도 구름에 가려진 듯 분분하다. 통일신

라시대에 도선국사道詵國師가 부처님의 신통력으로 하룻밤 사이에 천불千佛과 천탑千塔을 만들었다는 설說이 있는가 하면 미륵의 혁명 사상을 믿는 천민 노비들의 기원에 의한 산물이라고도 한다. 또 도교나 밀교密敎의 사원이었다는 주장도 있다.

이곳은 불국정토佛國淨土답게 천 불, 천 탑 혹은 다탑봉多塔峰의 성지라고도 부른다. 일곱 개의 바위를 옮겨 놓은 칠성바위가 있다. 북두칠성 별자리를 기준으로 하늘에 치성을 드렸다는 것도 퍽 흥미롭다.≪동국여지승람≫에 천 불, 천 탑이 있다고 기록되어 있다는 말을 듣고 그 많은 탑과 부처의 불심으로 속세에 길들여진 마음을 잠시나마 내려놓을 수 있을까 기대를 했으나 지금은 대부분 없어지고 쉰두 기의 돌부처와 십팔 기의 석탑이 남아 있다.

탑은 부처의 무덤이며 불상은 부처의 몸체라 한다. 처음에는 한 기 두 기를 세워 놓고 정성을 드렸을 것이다. 민초들이 탑을 하나하나 세울 때의 정성으로 탑돌이 하며 얼마나 많은 소원을 빌었기에 그 많은 것들이 세워졌을까. 그들은 수시로 들에 나가 자식의 점지를 빌고, 잘살게 해달라고 빌고, 무병장수를 빌었을 것을 생각하니 소박한 삶이 잡힐 듯 눈에 선하다.

돌탑들은 떡시루 형태의 모습이거나 포개진 항아리 같은 모형이 낯설지 않다. 또 다른 것들은 솥뚜껑 같은 둥근 모형으로 쌓았는데 사이사이에 받침을 넣은 것도 있다. 보이는 것이 다 생활 속의 물건들 같아 민중의 소박한 삶을 한 눈에 떠올리게 한다. 또한 돌부처들도 대부분 밋밋한 얼굴에 코만 크게 새겨져 있거나 머리만 있고 눈, 코 입이 없는 것도 있다. 내 어릴 적 할머니 얼굴처럼 포근한 것도 있고 시골 아주머니 닮아 다정스럽고 소박한 것도 있다. 불심이 전해 올 것 같아 석탑을 가볍게 잡아 보았다. 손끝의 야릇한 감촉이 가슴 깊숙이 출렁거린다. 돌부처의 손을 꼬~옥 잡을 때는 돌의 차가운 느낌보다는 부처님의 체온이 전해오는 듯 가슴이 훈훈하다.

불상과 탑들은 대체로 자연스럽게 만들어 졌고 크기도 다양하다. 탑을 세웠던 돌들은 사암砂巖으로 만들어져 손끝으로 문질러도 곧 부서질 것 같다. 그런데 천 여 년 동안 겹겹이 쌓인 세월 속에서도 부서지지 않고 살아 숨 쉬고 있으니 역시 부처의 가호였을까. 투박하고 가식 없는 걸 보면 숙련된 솜씨는 아닌 듯싶다. 또 하나 특이한 것은 지붕을 팔각 형태로 돌을 얹었고 사방으로 통하게 되어 있는 집 속에서 두 부처가 등을 맞대고 앉은 쌍배불雙背佛 좌상의 석조불감石造佛龕이다.

그 안에 있는 부처의 얼굴을 대하니 천지 사방에 자비를 전하는 눈빛이 저렇게 형형할까 싶다. 참으로 포근하고 인자해 보이면서도 기품이 서려 있다. 석조 불감은 조성한 유래도 아직 밝혀지지 않은 건축물로 주목을 받고 있는 유품이라 한다. 산 능선에는 와형臥形석불이 하늘을 보고 누워 눈감고 있는 모습이 잠든 듯 안락하게 보인다. 도선국사의 신통력이라면 석불을 일으켜 세워 중생들을 보살피게 할 수도 있었을 터인데 어찌하여 누워만 있게 하였을까. 아마도 자는 듯 한 와불의 얼굴을 보면서 마음도 저처럼 평온하게 다스리라는 깊은 뜻도 담겨진 것만 같았다.

천 년 전에도 오늘과 같은 하늘이었고 땅이 있었을 터이지만 그때 사람들은 간곳이 없고 불심만 남아 현세의 빛이 되어주고 있다.

석탑사이에 있는 돌부처의 정겨운 얼굴을 뒤로하고 운주사를 떠나오려니 어디선가 "너희는 천 탑 천 불의 참 뜻을 아느냐." 차분하고 준엄한 목소리가 귓가에 아련히 맴돌았다.

≪문학사계≫ 2003. 여름호

개미의 항변抗辯

새 아파트로 이사한 지 며칠 지나서다. 거실에서 아내가 호들갑스럽게 나를 불렀다. 웬일인가 싶어 달려갔더니 작은 개미들이 바닥에서 기어 다니고 있다. 눈에 쉽게 띄지 않을 만큼 작은 것들이 18층이나 되는 이곳까지 어떻게 올라왔을까. 그들에겐 거실을 저벅저벅 걸어 다니는 사람의 발걸음 소리가 마치 공룡만큼이나 거대하고 공포스러워야 할 터인데 정작 놈들은 태연하게 열을 지어 기어 다니고 있다.

아내는 내가 개미를 유심히 바라보며 재미있어 하자, 한 마리가 올라오면 그 뒤를 따라 다른 개미들도 계속 올라온다면서 집안에 있는 음식에 달라붙을까 걱정을 한다. 아내의 성화에 종이에 개미떼를 쓸어 담아 창밖으로 털어버렸다. 18층에서 떨어진 개미가 어디로 갈지, 살지 죽을지 그런 것은 생각하지 않았다. 그저 내 손으로 개미들을 죽이고 싶지 않았을 뿐이다. 하지만 며칠 지나자 놈들이 다시 나타났다. 이번에는 친구들까지 불러들였는지 전에 비해 숫자가 많아지고 종류도 여러 가지로 늘어났다. 하루는 병사들이 전쟁터에 출전하는 것처럼 수십 마리씩 떼를 지어 행진을 했다. 문득 그들의 행렬이 예사롭지 않게 보였다. 이러다간 이 집 주인이 개미인지 나인지 모르겠다는 생각이 들었다. 이제 더 이상 방치할 수가 없었다.

헌데 내가 최선을 다해 살고 있듯 저들도 살기 위해 최선을 다하고 있다는 생각을 하니 연민의 정이 느껴졌다. 산다는 것은 지상의 서로 다른 생명체가 더불어 생명의 잔치를 벌이는 것이다. 내가 살아가는 이유가 있듯이 개미라고 이 세상에 온 뜻이 없을까. 미물이라 하더라도 생명은 무엇과도 바꿀 수 없을 만큼 소중하다. 작다고 함부로 그들을 죽일 권리가 과연 내게 있을까. 살생유택殺生有擇이라 했는데…. 그래도 어쩌나 저들을 싹 쓸어버릴 어떤 당위성을 찾아야만 했으니. 그런데 그 당위성이란 게 고작 내 생활공간을 넘보고 내게 피해를 줄 우려가 있다는 이유가 전부다. 그것조차 그다지 확실한 증거도 없다. 이럴 때 저들과 대화를 나눌 수 있다면 물러가라고 좋은 말로 하고 싶지만 내겐 그런 능력이 없다. 참으로 난감했다. 물끄러미 쳐다보고 있었다. 그러자 옆에서 이를 지켜보던 아내가 개미와 놀고 있느냐며 핀잔을 준다. 아내는 벌레 한 마리도 죽이지 못할 정도로 겁이 많은 사람이다. 그러니 나더러 이번 기회에 근본적으로 퇴치하라는 것이다. 현관 신발장에 있는 바퀴벌레 약을 뿌리라는 뜻임을 알고 있다. 그렇게 꼭 무자비하게 박멸 시켜야 하는지 망설였다.

대개 큰 동물들은 배가 부르면 먹이가 가까이 있어도 해치질 않는다. 그게 자연의 세계다. 그런데 인간은 놀이 삼아 사냥을 하고 조금 혐오스럽다고 살생을 한다. 그런 일에 일말의 죄의식도 없다. 살생이란 죄목을 붙이기에 앞서 그건 자연의 흐름에 대한 역행이고 도발이다. 자연을 배반하고 가장 많이 훼손시키는 게 인간이고 보니 인간은 점점 자연에서 유리되어가고 있다. 나 또한 아무리 생각에 생각을 거듭한다 해도 자연으로 돌아가는 길을 잃어버린 것만 같다.

개미들은 나와 아내가 살기를 품고 저희에게 다가가고 있는 줄도 모르고 열심히 행진을 계속하고 있다. 꼭 가야 할 곳이 있는지…. 어쨌든 그들의 행동을 잠시라도 방해하고 싶지 않아 우물쭈물 쭈그리고 앉아 지켜보고 있었다. 그 때 아내가

"무슨 연구를 하는 거예요!" 앙칼지게 소리쳤다. 해치우라는 뜻이다.

어쩌겠는가. 별 도리 없이 이젠 결단을 내릴 수밖에…. 갑자기 살충제를 뒤집어 쓴 개미들은 얼마나 당혹스러울까. 하지만

타의에 의해서 죽고 사는 일이 어찌 개미에게만 해당되는 문제겠는가. 인간들도 상대에 대한 잘 잘못을 가리기에 앞서 자기 이익을 위해 살생을 하고 있지 않은가. 또 생명체의 먹이 사슬이 그런 유기적인 순환 고리다. 약육강식, 그건 또 하나의 자연의 순리라는 생각도 들었다. 개미의 삶을 굳이 연민으로만 보지 않기로 했다. 그러고 보니 개미에게도 그럴싸한 죄목이 있긴 있다.

첫째 : 주인 허락 없이 주거 침입한 죄.

둘째 : 깨끗이 청소해 놓은 거실을 무단 사용한 죄.

셋째 : 내 아내가 정성들여 만든 음식을 탐한 죄.

넷째 : 정신적 혐오감을 준 죄.

여기까지 짚었을 때, 문득 며칠 전 손자가 자지러지듯 울던 생각이 났다. 천사보다 예쁜 손자가 자고 있는데 개미 한 마리가 사타구니 사이로 몰래 들어가 중요한 곳을 물었던 것이다. 울음소리에 달려 간 나는 지체 없이 개미를 손가락으로 으깨버렸다. 내 손자를 먹이로 알고 깨문 것이야말로 가장 큰 죄 아닌가. 개미들은 그것이 무슨 죄가 되느냐고 피를 토하듯 항변할지 모르지만 기왕에 죽이기로 마음먹었으니 그것이 중죄라고 뒤집어씌울 수밖에 없었다. '이 놈들아, 손자를 물고 괴롭혔던 놈은 너희들이 파견한 테러분자임에 틀림없어.' 하며 피식 웃었다. 이윽고 개미들에게 사형 집행에 앞서 재판형식을 갖추기 위해 마지막 남길 말이 있는지 물었으나 아무런 대답이 없다.

개미 집단을 사형시키면서 일말의 양심으로 개미에게 한 마디 해주고 싶은 말이 있다. '오늘 너희는 억울하게 죽지만 나 역시 다른 선택의 여지가 없다. 죽음도 운명이라고 생각하기 바란다. 불교에서 환생이 있다고 했으니 다음 생엔 꼭 인간으로 태어나거라. 그리고 너희들에게 못된 짓 한 인간들이 개미로 태어나더라도 함부로 죽이진 말기 바란다.' 아하, 또 이 무슨 욕심인가. 나는 너를 죽이지만 너는 후에 나를 죽이지 말라고 하다니. 가당찮은 이기심이지만 그것 또한 인간이 타고난 속성인 것을….

≪수필과비평≫ 2004. 가을호

호號 이야기

집에서 서석瑞石 초등학교까지는 약 200여 미터 쯤 된다. 나는 너댓 살 때부터 늘 형들 따라 학교에 가서 그네도 타고 미끄럼틀도 오르내리며 놀기를 좋아했다. 그래서인지 다른 이이들보다 한 해 빠른 일곱 살에 입학했다. 처음 배운 노래가 지금까지도 기억에 생생하다.

"둥근 해가 떴습니다. 자리에서 일어나서 이 닦고 세수하고" 합창과 함께하는 율동이 참으로 신이 났었다. 학교 다니던 중에 6·25전쟁을 만났지만 한 해도 거른 일 없이 졸업했다. 그때부터 서석이라는 두 글자는 내 가슴 속에 깊숙이 뿌리를 내렸다.

성년이 되어 책의 저자 이름 앞에 호號가 적혀있는 것을 자주 보았다. 그 때마다 어떤 사람들이 사용하는 것일까? 얼마만큼 공부를 하면 호를 가질 수 있는 것인지 궁금하고 부럽기도 했지만 나에게는 언감생심이었다.

시詩로 등단의 기회가 주어졌다. 한국 문인협회에 기록으로 올려야한다기에 인적 사항을 적어 보냈다. 그런데 나와 똑같은 이름이 이미 등록되어 있으니 필명筆名이나 호를 지어 보내라 했다. 최학이라는 내 이름밖에 모르고 살아왔는데 유명한 사람들 흉내 낸다는 것은 아무래도 가당찮은 일이었다. 어떻게 해야 할지 여러 날 망설이고 있던 차에 빨리 결정해서 보내라는 독촉이 왔다.

문득 초등학교 교명校名이 떠올라 '서석'으로 해 달라고 했다. 얼떨결에 불러주었지만 아무런 재주도 없는 내가 호를 쓸 수 있는지 여러 날 고민이 되었다. 그래도 어쩌겠나, 이미 정해버렸는데 그 글자가 무슨 뜻을 의미하는 것인지 궁금하여 사전을 찾아보았다. 상서 서瑞에 돌석石, 한자로는 상서로운 돌이라는 뜻이다. 알고 보니 남도南道의 명산인 무등산無等山을 일명 서석산瑞石山 이라고도 불렀다 한다.

서석을 향찰식鄕札式으로 풀이하면 '무지개를 뿜은 돌' 이라는 뜻이 된다. 그런 멋진 이름을 갖고 있는 학교에 6년 동안이나 다녔으면서도 모교母校 교명의 뜻도 모르는 무식한 사람이라는 말을 들을 뻔 했다. 어쩌면 영원히 그렇게 지낼 뻔 했는데 글공부가 준 기회를 통해 나의 무식을 조금 덜게 되었으니 참으로 다행스러웠다. 그러나 누구도 감히 사용하지 않은 의미 깊은 교명을 내가 호로 삼는다는 것이 감당하기 벅차 아무에게도 말하지 않았다. 호는 이름을 대신하여 부르는 또 하나의 이름이기 때문에 주위에 알리고 자연스럽게 써도 되겠지만 그러지 못했다.

성姓은 중세기 때 서양에서 만들어져 부르다가 우리나라에 들어오면서 이름이 되어 자연스럽게 불렀다 한다. 호는 옛날에 동양이나 중국 등에서 주로 사용했다. 삼국시대부터 조선시대에 이르러 선비들이 나이 먹고 장가들면 품위와 체통을 지키기 위해 이름 대신 호를 부르게 했던 것이다. 조선 후기의 문신文臣인 정약용은 자字는 미용美庸으로 호가 신암, 다산 등 여럿이었다. 다산茶山이라는 호는 얻게 된 연유가 소박하다. 그는 한동안 차가 많이 나는 강진의 만덕산 기슭에 살았다. 거기서 차를 제조하고 다리고 음미하면서 향에 취해 이를 예찬한 책들을 많이 썼다. 주위에서 그런 그를 차가 많이 나는 산에 사는 사람이란 뜻으로 자연스럽게 다산이라 부르게 되었다. 이황의 퇴계, 이이의 율곡이라는 호도 지역의 이름을 따온 것이다. 주위에서 그 사람의 성품 또는 학식에 걸맞게 지어주는 경우가 많지만 본인이 짓기도 한다. 호가 많기로는 추사 김정희가 으뜸일 것이다. "완당阮堂"을 비롯해 알려진 것만 해도 수백 여 개나 된다고 한다. 최근에 호가 널리 알려지기는 김정식의 '소월' 박영종의 '목월'등이 있다.

그동안 써두었던 글을 묶어 시집을 내게 되었다. 나도 한번 호를 써보고 싶어 망설이다 이름 앞에 넣었다. 기분이 좋으면서도 어쩐지 두려움이 앞섰다. 책을 받아 본 친구들이 호의 뜻을 묻는가 하면 자네 같은 사람도 호를 쓰느냐며 기이해 하기도 했다. 하지만 기왕에 지어놓은 호를 그냥 사장해 두기보다는 이름대신 사용하면 자식들 보기에도 좋고 누구나 부르기 편하고 더 친근감을 느낄 수 있을 것 같았다. 죽마고우 친구들과의 모임이나 식사 때 나이 먹은 사람들이 아무개야 하고 이름을 부르면 품위가 없어 보이니 앞으로 이름 대신에 꼭 '서석'으로 부르라고 말해 두었다.

며칠 지난 뒤, 친구에게서 전화가 왔기에 나 '서석'이야 했더니 서석?, 하며 한참 무언가 생각하는 것 같더니 전화를 그냥 끊어버린다. 아마 목소리가 긴가민가했던 것 같다. 내가 전화를 걸어 나 최학인데 호가 서석이잖아 했더니, 그랬던가 아참! 언젠가 듣긴 들었지 한다. 그 순간 얼굴이 화끈거렸다. 공연한 짓을 한 것 같아서다. 또 출판사에서 전화로 "서석 선생님 계십니까?" 하고 물었을 때 누구를 찾는지 몰라 머뭇머뭇하다가 기어들어가는 목소리로 "전데요." 했더니 다시 "서석 선생님 맞지요?" 하고 확인했다.

이제는 세월도 많이 지나 호 쓰기에 어느 정도 익숙할법한데 여전히 긴장이 된다. 요즈음에는 다원화 경쟁 사회가 되어가면서 실명을 써야 자기를 알릴 수 있는 기회가 많다보니 호 쓰기는 점점 줄어드는 추세다. 그래도 문인들이나 예술인 그 외에도 적지 않게 사용하고 있으니 참으로 다행한 일이다.

내가 감히 감당하기에 벅찰 만큼 유연하고 훌륭한 서석이라는 호를 가졌지만 그 의미만큼 노력해서 완숙에 들어 세인들의 가슴에 자연스럽게 남았으면 하는 바람이다. 호에 대해 책임을 다하기 위해 오늘도 나름대로 상서로움을 찾고 있다.

≪수필과비평≫ 2004. 가을호

군자란

베란다에 늘 푸른 화초들이 있어 사철 싱싱함을 느끼며 산다. 봄이면 철쭉, 영산홍이 피어 한층 봄 분위기를 돋워 준다. 언제나 고고한 자태와 그윽한 향기가 매력적인 동양란, 꽃이 현란한 서양란, 듬직하게 생긴 진초록의 군자란 등, 여러 개의 화분이 집안을 한껏 밝게 해주고 있다. 그들은 때 맞춰 물만 주어도 잘 자랐다.

군자란은 몇 해 전에 친구가 준 것이다. 가족들의 사랑을 받으며 자라던 군자란이 언제부턴가 잎이 누렇게 변하기 시작했다. 정성들여 분갈이도 해주고 물도 주고 햇살 잘 드는 곳으로 옮겨 놓았지만 회복의 기미가 보이지 않았다.

시들어가는 란을 보니 한 때 운수업을 하는 아버지 덕택으로 비교적 풍족한 생활도 했지만 그보다 어려웠던 유년시절이 떠올랐다. 아버지가 사업이 잘 될 때는 그 지역에 몇 대 안되는 자가용 자동차도 타고 다녔다. 아들로 막내라는 이유로 나는 집안의 귀여움을 독차지했고, 또 하루 세끼 밥도 먹기 힘든 시절에 값나가는 장난감을 갖고 놀면서 동네 아이들의 부러움을 샀다. 그렇지만 운수업은 말 그대로 운수가 따라야 하는 사업인지 좋은 운이 오래 가지 않았다. 교통사고가 몇 차례 이어지자 가산은 탕진되었다. 보험제도가 없던 시절이라 헤어날 길이 없었다. 아버지는 어떻게 해서라도 자식 교육은 시켜야 한다며 형과 누나에게는 학비를 마련해 주었다. 그러나 나는 외삼촌이 운영하는 공장에 맡겨졌다. 그곳에서 일하느라 학교에 갈 수가 없었다. 세월이 흘러 형과 누나들이 취직을 하고서야 가정형편이 어느 정도 풀렸다.

어느 가을 날, 마을 친구들이 고등학교를 졸업하고 대학에 간다는 말을 들었을 때 그 충격은 지금도 잊을 수가 없다. 나는 중학교를 다니지 않아 영어나 수학뿐 아니라 모든 과목에 기초가 전혀 없었다. 하지만 그때부터 주간에는 일하고 밤에는 혼자 공부를 했다. 겨울밤에는 불도 때지 않은 방에서 이불을 뒤집어 쓰고 손끝을 불어가며 주공야독晝工夜讀을 해야 하는 고통을 여린 나의 인내와 체력으로 감내할 수 밖에 없었다. 그렇게 힘겹게 얻은 고생의 결과는 나를 저버리지 않았다. 검정고시로 고등학교를 거쳐 대학에 진학했다. 그 후 군에 입대하여 월남으로 갔다. 전장에서 사선을 넘나들었던 일이 여러 번이었다.

퇴역 후, 지난 2년여 동안 척추 골수염으로 생사를 넘나드는 혼미한 하루하루를 지탱한 적도 있다. 이제 건강은 어느 정도 회복되었지만 체력이 쇠잔해져 매사에 자신감을 잃었다. 제 몸 하나 가누지 못해 시들어 가는 군자란은 바로 나 같았다. 내가 할 수 있는 정성은 다 기울였지만 어찌된 일인지 소생할 기미가 보이지 않았다. 아침마다 눈인사를 해도 안타까운 내 마음을 모르는지 별로 좋아지지 않았다. 겨울도 끝나갈 무렵 군자란은 끝내 황달이 들어 죽은 것 같았다. 나도 어떻게 해 볼 수가 없어 돌보길 포기했다. 날이 풀리면 내다 버려야지 생각하고 베란다 한쪽에 방치해 두었다.

그러는 가운데 봄이 왔다. 유난히 햇살이 따뜻하던 어느 날, 아내가 베란다에서 소리쳤다.

"여보! 군자란에서 새싹이 나와요." 한다.

반가워 달려가 보니 시든 잎 사이로 연둣빛 새싹이 오리 주둥이처럼 뾰족이 나오고 있질 않은가. 살았구나. 그래 살아주었구나. 그렇게 힘겨워하더니 이겨냈구나. 생명력에 대한 경탄이 저절로 나왔다. 날씨가 추워 버리지 않은 게 여간 다행이 아니었다. 그때 만약 죽었다고 내다 버렸으면 본의 아니게 귀중한 생명 하나를 잃을 뻔하지 않았나. 또 친구가 군자란 꽃이 피었느냐고 물으면 어쩌나 걱정이 되었는데 참으로 잘 되었다.

화초를 가꾸는 것은 아내의 몫이었지만 나는 군자란을 보살피기 위해 자료를 찾아보았다. 물은 화분의 30%정도 배수가 되게 주고 반그늘을 좋아한단다. 아하, 그러고 보니 햇빛이 너무 많이 들게 해 주었고 물도 자주 주었으니 전들 어떻게 열탕 속에서 견딜 수 있었겠는가. 다정도 병이라더니 친구에게 얻어 온 화초라 내가 보살피는데 너무 욕심을 부렸던가 보다.

얼마쯤 지났을까. 초록의 튼실한 이파리들이 총총히 뻗어 나오고 탐스러운 꽃대에 올망졸망한 꽃망울들이 매달렸다. 주황색 꽃봉오리들이 동녀童女의 해맑은 얼굴 같았다. 여러 날 꽃망울에 취해 있으려니 닫혀있던 내 마음이 꽃보다 먼저 피었다. 가벼운 입김에도 예쁜 꽃이 피어날 듯해 연일 군자란에서 눈을 뗄 수가 없다. 이윽고 꽃망울을 터트리기 시작했다. 그것은 환희였고 가슴을 저리는 기쁨이었다. 마음이 활짝 열리며 몸마저 가벼워졌다. 생각이 밝아야 몸이 건강해진다는 말이 절절히 다가왔다.

건강 때문에 살얼음판을 걷는 것처럼 어려웠던 시절에 군자란은 내게 새로운 용기를 주었다. 나는 서서히 일찍 일어났고 가볍게 운동을 하고 목욕도 하고 건강 보조 기구를 통한 치료를 열심히 했다. 덕분에 지금은 건강을 거의 되찾았고 웬만한 일은 할 수 있는 자신감이 생겼다.

군자란君子蘭! 이름 그대로 학식과 덕행이 높은 군자君子처럼 너그럽고 품위가 있어 보인다. 평소에도 기품이 있다고 생각해 왔는데 옆에 두고 보니 고통과 시련을 참고 견뎌낸 모습이 정말 군자의 자세를 닮은 듯하다. 요즘도 나의 하루는 희망과 생명의 존귀함을 새삼 일깨워 준 군자란을 바라보는 것으로부터 시작된다.

≪수필과비평≫ 2003. 동인지

이사

우리 아파트 주변에는 숲이 많아 새들의 노래 소리가 언제나 싱그럽다. 이른 새벽이면 먼 산들이 뽀얀 안개 속에 풋풋한 여인의 가슴처럼 봉긋이 솟고 여명이 밝아지면 창문마다 쏟아지는 햇빛이 눈부시다. 해질 녘 붉은 주단朱丹처럼 펼쳐진 노을은 삶이 무엇인가를 곱씹게 한다. 또 큰 도로와 꽤 떨어져 있어 매연과 소음도 덜하다. 문을 열면 시원하고 향긋한 바람이 집안 구석구석을 휘감는다. 건너편 산자락에 계절 따라 꽃이 피고 녹음이 우거지고 열매가 여물어 가는 것이 먼발치로 보인다. 한창 매미들이 기승을 부릴 때면 심산유곡에 갇힌 듯하고 울긋불긋 단풍이 들면 마음마저 붉게 물들어 설렌다. 겨울엔 설경이 담긴

한 폭의 동양화다.

아내도 이곳 일산이 마음에 드는지 살기 좋은 곳이라고 자주 말했다. 그러던 사람이 어느 날 느닷없이 서울로 이사를 가자고 한다. 자식들 가까이 가서 손자 재롱을 보며 살자는 것이다. 난들 어찌 그 정을 모르랴. 하지만 나이 들수록 조용한 곳이 좋고 단출한 것이 편치 않던가. 여러 날을 묵묵부답하고 있었다. 그게 못마땅했던지 하루는 정 가기 싫으면 자기만이라도 가겠다고 떼를 썼다. 아니 이런 변이 있나! '별거를 하다가도 합쳐야 할 나이인데.' 참으로 진퇴양난이었다. 짐작하건데 맞벌이하는 아들 내외가 손자 녀석 맡길 곳이 마땅찮으니까 제 어미더러 가까이서 같이 살자고 했던 모양이다. 아내는 그게 어미가 좋아서 그런 줄 알고 신명을 내니 딱한 노릇이었다. 그러니 홀아비 신세나 면하려면 아내를 따를 수밖에…. 하긴 자식 이기는 부모 없다고 했던가.

이사할 집에 맞춰 짐을 줄일 수밖에 없었다. 쓸 만한 것은 여기저기 나눠주었으나 애지중지했던 책 더미가 문제였다. 책장과 일부 책들은 필요한 사람에게 주고 남은 것은 아들이 다니는 회사에 기증했다. 그 동안 별로 사용하지 않았지만 그래도 정들었던 물건들, 아직 더 입을 수 있는 옷가지를 제치면서 애틋한 추억을 하나하나 떼어내는 아쉬움을 삼켰다.

언젠가 신문에서 귀순한 북한 동포가 우리가 버린 생활용품을 모아 살림을 꾸렸다는 기사를 읽은 적이 있다. 내가 지금 버리고 있는 물건들이 꼭 그렇게 필요한 것들이었을까. 지금 없어도 될 물건이라면 그때도 그렇지 않았을까. 알 수 없는 웃음과 함께 미안한 생각이 들었다.

이삿짐센터에서 둘러보더니

"짐이 단출하고 크게 신경 쓸 물건이 없어 좋네요."했다. 가구나 집치장에 신경 쓰지 않고 살아온 검약을 칭찬하는 것인지 아니면 빈궁을 비웃는 것인지, 잠시 혼란스러웠지만 그러면 어떻고 저러면 어떤가. 개의치 않기로 했다.

귀중품은 따로 챙겼다. 귀중품이라는 것이 적금통장도 보석상자도 아니다. 그 동안 틈틈이 모은 수석들이다. 돌은 세상만사가 다 변해도 의연하게 나를 대해준다. 가슴이 답답할 때 쳐다보고 있으면 그 속에 무릇 삼라만상森羅萬象의 신비가 흐르는 것 같아 마음이 차분해진다. 낚시하는 사람이 세월을 낚듯 한다면 탐석探石하는 사람들은 유유자적悠悠自適하면서도 일생일석一生一石의 심정으로 돌을 찾는다 할 것이다. 그렇다고 나의 귀중품이 특이하고 값나가는 것은 아니다. 여느 사람에겐 한낱 돌에 불과하지만 나에게는 하나하나가 소중한 추억덩어리다. 도자기를 다루듯 흠이 가지 않게 포장했다.

또 빼놓지 않고 챙긴 것이 이면지다. 어린 시절 몽당연필을 대롱에 끼워 쓰고 공책도 다 쓰고 나면 지우개로 지워 다시 쓰기도 했다. 그만큼 어려운 시절을 겪어서인지 지금도 이면지나 뒷면이 깨끗한 광고지를 보면 버리지 못하고 모으는 습관이 있다. 책상에 앉아 백지를 대할 때면 무엇인가 그 안에 글을 채워야한다는 압박감이 부담스럽다. 나에겐 백지를 완벽하게 채울만한 밑천과 실력이 없어 선불리 쓸 수가 없다. 그러나 이면지는 누군가가 이미 전면을 사용한, 일종의 덤이어서 부담이 없고 친근감이 간다. 나의 여물지 못한 생각들을 편안한 마음으로 한껏 늘어놓을 수 있는 것이 바로 이면지다. 그러니 정성스럽게 챙길 수밖에….

작은 집에 걸맞게 짐을 줄였지만 그래도 묵은 살림살이라 물건들이 차가 넘치게 많았다. 가구들을 집 구조에 맞추어 이리저리 정리하다보니 갈 곳 없는 것들이 또 나왔다. 애착 때문에 여기까지 힘들게 가지고 왔는데 어떻게 해야 할지 걱정이 되었다. 버리자니 아깝고 그나마 동사무소에 가서 꼬리표를 사다 붙여야 하니 신경이 쓰였다. 누군가 유용하게 쓸 수 있을 것 같았다. 이사 온 이튿날 그것들을 다시 하나하나 손질하여 아무나 필요한 사람은 사용하라는 쪽지와 함께 아파트 현관 앞에 내놓았다. 해질 녘에 확인해 보니 하나도 없다.

이사 나올 때 나누어준 물건들에 대한 아쉬움이 적지 않았는데, 여기까지 힘겹게 가져온 것들을 다시 정리하면서 왜 이렇게 마음이 흐뭇한 걸까. 이제야 덜어내는 즐거움을 깨달은 것일까. 내 곁을 떠난 그 조촐한 물건들이 이웃에게 오래 오래 유용하게 쓰여 지길 마음속으로 빌었다.

≪수필과비평≫ 2002. 겨울호

제2부 아직도 나는 꿈을 꾼다

하얀 창으로 보는 세상

인생의 참맛 차향

아직도 나는 꿈을 꾼다

비울수록 채워지는 결혼식

불의 바다에 우뚝 솟은 독도

하얀 창으로 보는 세상

흘러가는 세월과 마주하는 창窓,

추상적 표현이지만 서재書齋로 난 창을 그렇게 불러주고 싶다. 꽤 오랜 세월 마주보고 앉아 책 읽고 글도 써왔으니 그렇게 불러 주어야 신비로운 향기가 날 것 같아서다. 내가 사는 아파트는 햇볕이 잘 드는 남향이라 춘하추동 계절의 변화를 즐길 수 있어 여러 모로 삶의 활력소가 되고 있다. 전면으로 방 두 개와 거실이 있고 뒤쪽으로도 부엌과 방이 두 개 있다.

제일 넓고 볕이 잘 드는 남쪽 방을 서재로 사용하라는 아내의 권유에도 뒷방을 쓴다. 글 쓰는 사람에게 햇볕은 때로 사유의

샘물을 말라 버리게 한다. 하여 다른 방에 비해 작은데다가 북향이다 보니 흐린 날에는 볕이 잘 들지 않아 전기를 켜놓아야 하는 곳, 여름에는 덥고 겨울에는 추운 방을 쓰기로 했다. 글을 쓰려고 골똘히 상념에 젖어 있을 때 현관문 여닫는 소리, 아내가 보는 TV 소리에 신경 쓰지 않아서 좋다. 가끔 외판원들이 외쳐대는 소리도 잘 들리지 않아 구석방을 택한 것이다.

지난겨울이다.

밤이 깊도록 컴퓨터 앞에 앉아 있는데 창문 커튼 사이로 불빛이 스며든다. 창으로 다가가 밖을 내다보니 회색빛 어둠 속에 파랗게 언 하늘에서 목련꽃 같은 함박눈이 내리고 있다. 나도 모르게 눈 내리는 밤 정취에 끌려 창문을 열자 찬 공기가 와락 달려들었지만 기분은 상쾌하다. 눈이 떨어지며 녹아 입가에 스며든 물이 아이스크림처럼 감밀하다. 어느 것은 장다리꽃 위를 나는 작은 나비처럼 날아 손을 내밀자 살갗에 닿으며 녹는다.

그 감촉의 감미로움이 그 동안 잊혀진 채 내 안에 잠자고 있던 낭만을 일깨워 주며 문득 어린 적 동무들과 눈밭에서 뛰놀던 하얀 그리움이 조각조각 눈송이처럼 떠오른다. 눈이 옷깃에도 묻어나 손끝으로 툭툭 털면 제 몸을 순교하듯 금방 물방울이 되어 떨어진다. 아름답던 눈이 스르르 물로 변하는 그 자연의 이치가 참으로 신묘하게 느껴진다. 주위가 천지 생명의 숨소리마저 멎은 듯 고요하다. 가끔씩 세상에 한을 남겨두고 떠난 산짐승의 울음 같은 바람 소리만 아니라면 하얀 설무雪舞를 느끼기에 그지없이 좋은 밤이지 않은가.

맞은편 아파트 창에서 띄엄띄엄 밝히고 있는 불빛들이 어두운 밤바다에 고깃배처럼 한가롭기도 하고 하루의 소임을 다하고 내일을 위해 편안하게 잠들 수 있게 보초를 서고 있는 것 같다. 총총히 서있는 아파트 너머 눈길을 돌리자 산자락에 안개꽃 같은 뽀얀 눈발 사이로 한 점 불빛이 유난히 반짝인다. 된장찌개를 올려놓고 남편을 기다리는 아내의 살가운 마음일까. 저토록 잠 못 들게 하는 사연은 알 수 없지만 하얀 침묵에 묻힌 채 온통 평화로운 메시지만 내려앉는다.

길 건너 교회 뾰쪽 탑 위에 허공의 쓸쓸함을 지우고 있는 십자가의 희미한 불빛이 불그스레한 환을 그리며 어둠 속으로 퍼져 간다. 아련한 불빛이 신묘하고 성스러워 세상의 어린양들에게 성령의 빛과 복음을 전하려 홀로 밤을 지새우고 있는 성직자의 모습도 그려 본다.

아파트 화단의 화초들은 잎이 누렇게 변해 푸석푸석한 줄기에 하얀 눈을 뒤집어 쓴 채 몸을 한껏 낮추고 나무들은 한 해 동안 키워온 잎들을 흙으로 돌려보낸 모습이 비움의 참 뜻을 알고 있는 것 같다. 한편 다가올 봄에 새싹을 피우기 위해 깊은 땅속 수맥을 우듬지까지 끌어 올릴 생명력을 저장하고 있을 것이다.

지금까지 나무들의 푸르름과 꽃의 아름다움을 찬탄하면서도 그것이 풍우한설風雨寒雪을 이겨내며 얻어진 결과라는 것을 생각하지 못했다. 살을 에는 차가운 겨울을 견디며 자기를 키워내는 모습은 처연했다. 아픔 깊이만큼 향기로움을 주는 창조의 신을 믿고 있는 것이리라. 인간도 저 나무들처럼 육신을 갈고 닦은 끝에 얻는 삶이 더 값지고 아름답다는 것을 스스로 일깨울 수 있다면야 얼마나 좋으랴.

삶의 흔적은 화석처럼 층층이 쌓이기 마련이다. 내가 세상을 떠난 뒤에 꽃처럼 곱게 피었다가 눈꽃처럼 깨끗하게 사라지는 인생이었다는 평가를 받기를 바라지는 않았을까. 잘 산다는 것은 어떤 모습일까. "세상에서 가장 아름다운 것은 볼 수도 만질 수도 없다 가슴으로만 느낄 뿐이다." 라고 했던 성녀 '헬렌 켈러'의 말이 떠오른다. 육신은 떠나고 그 영혼만이 남아 편안히 쉴 수 있는 곳이 어디일까를 생각하면 머리끝이 서늘해진다.

늘 북 창문을 통해 그늘진 회색의 사물을 보아 왔다. 오늘은 눈 내리는 창을 통해서 조금 엿 보았을 뿐인데 이렇게 아름다운 세상이 펼쳐지다니…. 내 앞에 있는 창은 얼마 전에 보았던 액자 속에 갇힌 풍경이나 무채색의 공간이 아니다. 티 하나 없고 아름다운 세상을 다 불러 안는 그런 큰 창이다. 눈 내린 한길을 거북이처럼 기어가는 차량들이 모두 희망과 꿈을 싣고 가는 것 같고 눈을 푹 뒤집어쓰고 창문만 빠끔히 내놓은 집들이 더없는 행복을 만들어 내는 산실 같다. 아름다운 삶은 아름다운 흔적을 남기고 맑은 영혼은 맑은 하늘로 간다는 말이 새삼 절절히 가슴에 와 닿는다.

북창으로 까무룩 깊어가는 눈 내리는 밤을 지켜보며 온통 하얗게 살이 찐 세상에서 어느 지붕 밑의 아낙은 지금쯤 남편의 팔을 베고 누워 달콤한 꿈을 꾸고 어느 아기는 엄마의 젖꼭지를 문 채 잠든 그런 평화를 꿈꾼다.

인생의 참맛 차향

전라남도 보성의 산과 바다와 호수를 말하는 3경景과 예禮, 의義, 다茶의 3보寶는 보성의 자랑이다. 그 중에서 차를 으뜸으로 여긴다.

차향처럼 은은하고 담백한 보성 사람들은 불의를 보면 주먹을 불끈 쥐는 의협심이 남다르다고 한다. 충무공 이순신 장군이 한산도에서 관직을 박탈당하고 잠시 처가인 이곳에 머무를 때 열선루列仙樓라는 정각을 지어놓고 차를 마시면서 차향으로 마음을 달래기도 했었다 한다.

친구들의 가을 모임을 보성에서 갖기로 되어 있어 어둠이 내릴 즈음에 도착했다. 먼저 안내된 곳이 일제 강점기에 조성되었다는 득량만 간척지대였다. 시원하게 불어오는 해풍, 갯벌에서 나는 냄새가 소금에 절인 생선처럼 짭짜롬하고 구수하다. 잔잔한 밤바다에 고깃배들은 고기를 잡고 있는 것인지 아니면 마음을 바다에 내려놓고 여유를 즐기고 있는지 한가롭게 보인다. 뱃머리에 철썩대는 파도소리, 그 소리에 시름을 다 씻어버리고 그 빈자리에 만선의 고기만큼 가슴을 채우고 돌아올 것이라 생각하니 어쩌면 저들의 생활이 힘들기는 하지만 행복할 것만 같았다.

득량에서만 난다는 토종 음식으로 저녁을 먹었다. 횟감이 어찌나 싱싱한지 한 쌈, 한 쌈씩 먹을 때마다 입안에서 슬슬 녹는다. 바다에서 갓 잡아온 것이라는 주인의 설명이 아니더라도 천하선식天下仙食 즐기는 기분이다.

몇 순배 술잔이 돌아가자 보성에 사는 친구가 중요한 사항을 발표하듯 힘주어 말을 한다. 이곳은 '보성의 소리' 라 할 만큼 서편제 판소리로 유명한 곳이다 그것을 한번 듣고 갔으면 좋을 터이지만 들을 수가 없으니 자동차로 20여분 거리에 있는 차茶 가꾸는 단지를 내일 꼭 구경하고 가라한다. 못 보고가면 크게 후회할 것이란 말도 덧붙인다. 차밭에서 풍겨오는 상큼한 향기에 취해보고 찻집에서 차향에 젖어 보지 않고서는 보성의 애기를 말라는 엄포성(?) 권유에 모두들 고개를 끄덕인다.

아침에 일어나자 가을비가 제법 세차게 내리고 있다. 숲 속을 한참 달리자 산비탈에 계단식으로 된 수만 평 됨직한 차밭이 우리를 맞는다. 부슬부슬 내리는 비를 우산으로 가리며 차밭 고랑을 따라 천천히 걸었다. 비에 젖은 찻잎들이 한층 푸르게 다가와 몸과 마음까지 녹색으로 물들인 듯 하고 찻잎에 방울방울 맺혀 있는 이슬이 옥색치마 저고리를 입고 수정 구슬을 목에 걸고 가는 여인처럼 청초하다. 파랗게 물든 바람이 지난밤 술기운에 텁텁했던 가슴을 한없이 맑게 씻어내는 것 같다.

최초로 차를 재배했다는 중국의 염제신농씨炎帝神農氏를 머릿속에 그려본다. 염제 신농이란 불꽃 임금이란 뜻으로 곧 불로 물을 끓여 먹었다 해서 붙여진 것이라 한다. 차의 원산지는 중국 동남부 또는 인도의 아샘 지방으로 추정하고 있다. 우리나라에서 재배하고 있는 차나무는 차 잎 중에 작은 것에 속한다.

고려 시대는 차만을 재배 제조하는 다방茶房이 있었으며 조선시대에는 차에 관해서 다성茶聖이라 불러지는 추사 김정희 선생을 비롯하여 차를 즐기는 사람들이 많이 있었다. 다산 정약용은 야생차가 많이 산재한 곳에 다산초당茶山草堂을 짓고 차를 즐겨 마셨고 초의선사는 동다송東茶頌이라는 책을 지어 차를 널리 알리기도 했다. 또한 백팔번뇌를 차 한 잔으로 다스리고 밤이면 향기로운 차를 앞에 두고 달빛을 벗 삼아 선사의 법열에 젖기도 했다니 차의 깊은 맛과 마시는 의미를 다시 한 번 생각게 한다.

차라는 말은 중국의 타이 'tay'라는 발음이 한국의 타 'ta'발음과 비슷해 차茶 다茶 등으로 불리게 되었다 한다. 일본은 차,

영어로는 티Tea, 독일어로는 테Tee, 프랑스어로는 떼The로 불러지고 있다. 이처럼 차에 대한 이름도 나라마다 다르다.

보성 차밭에 들러 차를 마시면서 하루를 차향에 젖어 보았다. 차는 커피나 다른 음료수 같이 감칠맛은 없으나 마음의 안정과 정신 정진을 위해서, 또한 차에는 해독성이 있어 몸 안의 나쁜 찌꺼기를 빼내기 위해 마시는 경우가 많다. 차를 마실 때는 도를 닦듯이 그 예를 갖추어 마셔보는 것도 좋으리라, 차를 제대로 음미하기 위해서 먼저 물과 차의 분량을 적절히 맞춰야 한다. 차 종류에 따라 물의 온도와 우려내는 시간도 다르니 이또한 쉬운 일은 아니다. 차를 우려내는 팽다법烹茶法, 말차에 숙熟水를 부어 휘젓는 점다법點茶法, 차에 물을 넣어 끓이는 자다법煮茶法 등을 다 익히기가 쉬운 일은 아니지만 내 자신을 다스리는 방법으로 실천해 볼만한 수련이다.

차는 편안한 마음으로 내려서 차분한 자세로 잔의 3분의1 쯤씩 세 번 따른다. 만드는 과정과 마시는 마음의 자세가 하나가 되어야 제 맛을 느낄 수 있기 때문이다. 혼자 마시는 명상 차瞑想 茶는 다음으로 미루고 오늘은 친구들과 함께 마시는 두리 차를 택했다. 가회 다례佳會 茶禮와 공경 다례恭敬 茶禮, 접빈 다례接賓 茶禮, 의식 다례儀式 茶禮는 좀 더 배워서 누군가 대접하고 싶을 때 해 보련다. 다사茶事를 통해서 심신을 달래준다고 해서 평심수平心水라는 말이 생긴 듯싶다.

차에는 단맛, 쓴맛, 떫은맛, 신맛, 매운맛, 다섯 가지 있다고 한 초의선사의 말을 기억하며 차 맛을 아는 것이 그대로 인생을 아는 것이 아니겠는가하는 생각을 해 본다. 요즈음 인스턴트식품을 선호하면서 우리의 녹차가 외국에서 들어온 차에 밀려나는 것 같아 안타깝다.

차 밭에서 담아온 푸른 마음을 이끌고 한껏 차향에 더 취해볼 양으로 찾아간 곳이 유명한 율포栗浦 녹차 목욕탕이었다. 깊은 바다에서 바위를 뚫고 뽑아낸 물에 찻잎을 우려낸 주황색 탕에 안겼다. 녹차를 마시고 녹차 탕에 들어가 녹향에 취해 눈을 지그시 감고 있으니 온 몸에 혈기가 돌고 피로가 봄 햇살에 눈 녹듯이 말끔히 가신다. 신선이 된 기분으로 살며시 눈을 치켜떴다. 벽면에 녹차에는 비타민 C가 많아 피부 노화 방지에 좋고, 체질개선에 효과가 있으며, 마음을 진정시켜 주며 감기예방에 좋고 특히 암 예방에 효과가 있다는 설명서가 붙어 있다. 간 밤 감기에 고생을 하던 터라 탕湯 안팎을 몇 차례나 반복하여 드나들었더니 거짓말같이 몸이 가벼워지고 다 나은 것 같다.

녹차탕에서 몸의 때도 벗기고 녹향으로 마음의 때까지 씻어낸다면 신선이 부럽지 않을 것이다.

≪문학사계≫ 2002. 봄호

아직도 나는 꿈을 꾼다

세수를 하고 허리를 폈더니 낯선 사내가 내 앞에 엉거주춤 서 있다. 야윈 얼굴은 창백하고 골골이 주름살투성이인데 콧날이 오똑하다. 그도 내 모습에 놀랐는지 탐색하듯 나를 살핀다. 그의 눈에서 빛이 희미하게 새어 나온다. 그 연약하고 가느다란 빛줄기는 흔들린다. 나는 눈을 감아 버렸다. 제기랄, 많이 늙었구나. 날강도 같은 세월이 쏜살같이 내 육신을 훑고 지나갔다.

거울을 보며 가끔 저항하고 싶을 때가 있다. 거울 속의 남자에게 '너는 내가 아니다, 난 아직 그렇게 늙을 수는 없다. 아직도 난 꿈이 남아 있으니까. 꼭 한 번은 만나 보아야 할 사람이 있고 확인해 봐야 할 얘깃거리가 있다. 그래서 이렇게 사그라져 선 안 된다.'고 중얼거리곤 한다.

40여 년 전, 월남전이 한창일 때 나는 그곳에서 소대장을 하고 있었다. 자형이 전장에 있는 처남이 외로울 것이라며 자기 사무실에 근무하는 여직원을 소개해 주었다. 전쟁터에서 묘령의 아가씨로부터 편지를 받기 시작했다. 편지를 쓴 종이도 예뻤고 글씨도 예뻤고 그녀의 얘기는 더 예뻤다. 편지는 사연이라기보다 사람의 향기였다. 그녀의 체취를 떠올리며 편지를 하염없이 가슴에 품었다. 많은 편지가 오고 갔다. 그녀의 '그간 안녕하세요?' 라는 평이하고 단순한 한마디도 더없이 달콤한 밀어로만 들렸다. 전쟁터에서 그녀의 편지는 유일한 위안이면서 휴식이었다.

그녀에게 월남의 풍경을 담은 사진과 고유 의상을 입은 인형을, 때론 말린 선인장 꽃 따위를 보냈다. 작전에 투입되어 전투가 한참 치열할 때 긴장으로 온몸이 죄었지만 그녀의 편지는 더없는 용기와 기쁨을 주었다. 매복과 정찰을 나갈 때면 어디서 튀어 나올지 모르는 베트콩의 공격에 촉각을 세우고 폭염 속에 흐르는 땀으로 멱을 감으면서 날마다 사선을 넘나들었다. 하지만 부대에 돌아가면 그녀의 편지가 와 있으리란 희망이 나를 지치지 않게 했다. 예쁜 글씨로 하루의 일과나 책을 읽고 난 재미있는 내용들을 써서 보내주는 편지를 기다리는 것이 나의 유일한 낙이었다.

일 년 여 만에 귀국을 했다. 귀국하면서 가장 중요한 것은 그녀를 만나보는 일이었다. 약속한 찻집에서 고개를 숙이고 머뭇머뭇 들어서는 그녀를 단박에 알아봤다. 꿈에도 그리던 사람이 아닌가. 처음 대하면서도 내 가슴은 이미 그녀에게 익숙해 있었다. 심장이 두근거리며 먼저 마중했다. 상상했던 것보다 훨씬 예쁘고 순박했다.

귀국 휴가 내내 그녀의 사무실 근처를 배회하면서 퇴근하기를 기다렸다. 꿈같은 시간이었다. 그 때 우리에게 무슨 일이 일어났는지, 도대체 어떻게 시간을 보냈는지 지금 그게 중요하지 않다. 그저 인생이 달콤했고 내가 축복 받은 소중한 사람이라는 것을 사랑이 나에게 알려줬다.

짧은 귀국 휴가가 끝나고 전방으로 발령을 받았다. 아득했다. 서울을 오가는 버스가 하루 서너 차례 있을 뿐인 외진 산골이었다. 그리움은 날로 더해갔고 고독이 더욱 깊게 사무쳤다. 해거름에 부대를 나서면 온통 석양이 그녀의 볼이며 눈빛이었다. 그녀의 손을 잡고 노을을 보며 함께 길을 걷고 싶은 마음뿐이었다. 바람은 그녀의 음성과 체취를 풍기며 내 코끝을 맴돌아 문득 내 곁에 있는 듯했다. 그것은 축복이면서 고통이었다. 날마다 편지를 쓰고 시간이 날 때마다 전화를 걸었다. 전화로 목소리를 듣던 날은 하루 종일 기분이 좋았다.

그 해 연말 즈음 그녀가 나를 찾아 전방까지 오겠다는 편지가 왔다. 믿어지지 않을 만큼 기뻤다. 드디어 그녀가 온다. 나를 찾아서, 내가 보고 싶어서, 그녀가 불원천리 먼 길을 오겠다는 것이다. 그때부터 나는 밥을 먹지 않아도 배가 고프지 않고 모든 것이 기쁨으로 가득 찼다. 사병들에게도 괜히 실실 웃으며 농담을 던졌다.

그 날부터 일각이 여삼추如三秋였다. 시간은 하염없이 늦장을 부리는 것 같았다. 그녀가 오던 날, 하늘도 감격하였는지 아침부터 함박눈을 펑펑 쏟아 부었다. 산과 들이 가장 순결한 옷으로 갈아입었다. 나는 일찌감치 목욕을 하고 이발까지 하고는 하숙집 마루 기둥에 붙어 있는 조그만 거울을 들여다봤다. 어떻게 아는 체를 할까. 눈을 치켜 떠보고 사르르 반쯤 감아 보고 이를 내놓고 웃어도 보고 합죽하게 미소를 지어도 보고…. 그런데 아침부터 내린 눈이 해가 기울도록 그칠 기미가 아니었다. 폭설이었다. 이러다가 길이 끊겨버리면 어쩌나 초조해지기 시작했다.

예정시간이 훨씬 지난 어두운 밤에서야 그녀가 도착했다. 나는 그날 터미널에서 추위를 어떻게 견뎠는지 배고프진 않았는지 그런 걸 기억하지 못한다. 그저 안타깝고 초조하던 마음이 아직도 내 가슴을 서늘하게 한다.

차에서 내리는 그녀는 몸이 축 늘어지고 무척 초췌해 보였다. 손이라도 잡아주고 싶어 달려갔지만 그럴 용기가 없어 어설픈 웃음만을 던졌다. 하숙집으로 오자 그녀는 피곤에 지쳐 저녁도 먹는 둥 마는 둥 하더니 곧장 쓰러져 깊은 잠에 빠졌다. 새근새근 자는 모습이 어찌나 사랑스럽던지 밤새 잠을 이룰 수가 없었다.

다음날은 영하 20도를 오르내리는 강추위였다. 그곳에는 이렇다 할 볼거리가 없었지만 야전잠바 주머니 속에 든 그녀의 손을 꼭 잡고 걷는 게 그저 좋아서 여기저기를 돌아다녔다. 그때 배어오는 촉감이 무엇과도 바꿀 수 없는 행복이었다.

해가 갓 저문 쯤 하숙집에 오자 주인아주머니가 푸짐한 밥상을 내왔다. 좁은 방에서 단둘이 무릎이 닿을 만큼 가까이 앉아 저녁을 먹었다. 그녀에게 반찬을 얹어주고 그것을 맛있게 먹는 입을 바라보느라 저녁을 제대로 먹지 못했다. 복스럽게 밥을 먹던 그녀 모습이 아직도 생생하다. 그 때 나는 그런 일이 평생동안 계속될 줄 알았었다.

밤이 깊어갔다. 많은 얘기를 나누었다. 나는 월남에서 있었던 일들을, 그리고 그녀는 회사생활을 얘기했다. 서로 귀를 기울이다가 깔깔대고 맞장구를 쳤다. 밤이 이슥한에 그녀는 아이스크림이 먹고 싶다했다. 그 시절 겨울에는 아이스크림을 팔지 않았다. 그래도 그녀가 아이스크림을 먹고 싶다지 않는가.

나는 무언가를 보여 주어야 될 것 같아 슬그머니 밖으로 나갔다. 장독대 위에 소복이 쌓인 눈을 그릇에 한 뭉치 만들어 담고 주인아주머니에게 설탕을 조금 얻어 가져 왔다. 방문을 벌컥 열고 여기 아이스크림, 하고 내밀었다. 눈이 휘둥그레져 쳐다보더니 "이게 무슨 아이스크림이야." 한다. 눈을 설탕에 찍어 먹어봐 아이스크림보다 더 맛있을 거야 했더니 눈을 흘기며 함박

웃던 모습이 천사 같았다.

밤늦게 잠자리에 들었다. 그녀에게 아랫목을 내주고 나는 벽쪽으로 몸을 바싹 붙여 누웠다. 한사람 누울 만큼의 공간을 두고 양 벽으로 붙어 누운 꼴이 되었다. 새근새근 고른 숨소리가 잠이 든 게 틀림없었다. 손을 슬그머니 잡아도 아무런 반응이 없었다. 손을 잡고 뜬 눈으로 하얗게 밤을 새웠다. 새벽녘, 더는 참을 수가 없었다. 몸을 조금씩 조심스럽게 움직여 다가가 살며시 안아보려는 순간, 그녀가 벌떡 일어나 당황한 기색으로 내 가슴을 힘껏 밀쳐냈다. 얼굴이 확 달아오르고 얼마나 무안했던지. 정말 그저 살며시 안아만 보고 싶었을 뿐이었는데.

다음 날 종일 얼굴 쳐다보기가 쑥스러웠다. 그래도 수시로 좀 더 가까이하고 싶은 충동은 제멋대로 가슴을 쾅쾅 두드렸다. 간밤 일을 떠올리며 진정을 시켰다. 어색한 가운데 하루가 갔다.

이윽고 또 밤이 되었다. 한 이불 속에 약간의 간격을 둔 채 또 누웠다. 연 사흘간 잠을 못자고 종일 강행군을 하다시피 했으니 몸은 녹초가 되었지만 잠을 이룰 수가 없었다. 그것은 가히 형벌이었다. 의식이 몽롱했다. 그녀는 당연히 나와 결혼할 사람이고 그래서 그녀의 순결을 지켜줘야 하는 것은 또 나에게 주어진 영광스런 의무라 생각했다. 평생을 살려면 이것보다 더 어려운 일도 허다할 텐데…. 자랑스럽게 난, 나의 야성으로부터 그녀를 지켰다. 행복한 시련이었다.

새벽녘 비릿한 냄새와 함께 코 밑이 스멀거렸다. 손으로 코 밑을 훔치자 피가 묻어났다. 가만히 일어나 수건을 찾았다. 그 때 자는 줄만 알았던 그녀도 따라 일어나 놀란 듯 나를 빤히 바라보다가 살며시 다가와 얼굴을 감싸면서 나에게 몸을 기대었다. 아늑하고 포근한 느낌, 두 손으로 허리춤을 꼬~옥 끌어 안고 싶었다. 하지만 내가 아니면 누가 그녀를 지켜준단 말인가. 나는 단호히 유혹을 물리쳤다. 그리고 아주 조심스럽게 그녀를 나에게서 떼어놓았다.

세수를 하기 위해 밖으로 나왔다. 명징한 아침공기를 쐬니 몽롱한 기운이 좀 가시는 것 같았다. 토방 마루에 걸터앉아 밤새 치덕이던 고통을 씻어내기라도 하듯 바람을 크게 들여 마셨다. 동이 트는 하늘은 무척 맑았다. 화단의 나뭇가지며 담장에 쌓인 하얀 눈이 더 없이 순결했다. 햇살이 눈 위에 반사되어 톡톡 튀어 오르며 유난히 반짝였다. 눈이 부셔 제대로 눈을 뜰 수가 없었다. 햇살에 얼굴을 찡그리고 있는데다가 피곤이 겹친 내 모습은 누가 봐도 무척 초췌했을 게다. 무심결에 주머니에서 코피를 닦았던 손수건을 꺼내는데 주인아주머니가 빙그레 웃으며 다가왔다.

"아가씨가 처녀인가 봐요?"

실없는 양반, 보면 모르시나. 그럼 아가씨가 처녀지 총각일까. 별 생각 없이.

"예." 라고 대답을 했다.

"총각 눈이 휑하네요." 하더니 더 크게 웃었다. 나는 오랜 뒤에야 그 아주머니의 질문과 웃음의 참뜻을 헤아렸다.

방으로 들어갔더니 그녀는 짐을 챙겨 들고 일어났다. 예정대로라면 하루를 더 묵어야 하는데…. 가타부타 한 마디 말없이 아침도 먹지 않고 집을 나섰다. 잡아도 소용이 없다. 막무가내며 혼자 가겠다고 하는 것을 서울까지 동행하기로 했다. 전방에서는 그 지역을 벗어나려면 부대 허락을 받아야 한다. 계획에 없었던 일이라 절차를 밟지 않은 채 경황없이 따라나섰던 것이다. 적발되면 어쩌나 하는 일말의 불안이 일었지만 그보다는 그녀가 창밖만 바라볼 뿐 내게 관심도 주지 않는 것이 더 안타까웠다. 서울 시외버스 터미널에 내렸다. 차라도 한잔 하고 가기를 바랐다. 조금이라도 더 함께 있고 싶은 마음이 간절했다. 하지만 그녀는 입을 꼭 다문 채 냉랭한 몸짓으로 차를 타고 가버렸다.

며칠 후 한통의 편지가 왔다. 내가 위선자며 평생을 같이 할 사람이 못된다며 헤어지자는 거였다. 이 무슨 청천벽력인가. 왜? 내가 무엇을 잘못했단 말인가. 자기를 지켜주고 나름대로 최선을 다했는데 납득이 가지 않았다. 그로부터 여러 차례 편지를 보냈지만 아무런 회신이 없고 전화를 하면 툭 툭 끊어버렸다. 어떤 말이라도 좋으니 속 시원하게 해줬으면 좋으련만 한마디 말도 없었다. 가슴이 답답하기만 했다.

왜 나의 안타까운 심정을 그리도 몰라줄까. 그녀가 무척 원망스러웠다. 잊으려 했다. 아침마다 다 잊었다고 속으로 외쳐대곤 했다. 하지만 해질녘이면 행여 오늘은 편지가 왔을까 하여 정훈 병사政訓 兵士에게 묻곤 했다. 날마다 마음이 심란해 견딜 수가 없었다. 할 수 없이 지난날 그녀가 주었던 선물들을 모두 챙겨서 보냈다. 나는 그렇게 하면 심란한 마음도 정리가 될 줄 알았다. 사랑은 그렇게 칼로 무를 썰어내듯 도려내지는 게 아니었다. 그리움이 큰 아픔으로 가슴을 후벼 팠다.

어떤 시인은 노래했다. 사랑은 얻어도 고통스럽고 잃어도 고통스럽다고. 그녀를 잊어야겠다는 생각을 하면 할수록 지난날의 모습들이 더 뚜렷이 떠오르곤 했다. 어떻게든지 이 문제를 해결하지 않고서는 내 삶은 아무런 의미가 없을 것만 같았다. 그러던 중 월남에 파견할 태권도 교관 요원 선발이 있었다. 다시 월남에 가면 그녀가 잊어질 것 같아 응시했더니 다행인지 불행인지 합격이 되었다. 그 때는 죽고 사는 문제보다는 우선 그녀를 잊고 싶다는 생각이 더욱 간절했다.

막상 출국날짜가 다가오자 그녀의 얼굴을 한 번 더 보고 싶었다. 자형께 파월 인사를 드린다는 핑계로 사무실에 들렀다. 문을 밀치고 들어서는 순간 그녀가 깜짝 놀라며 자리에서 벌떡 일어섰다. 나 또한 심장이 두방망이질을 했다. 잠시 머뭇거리다가 다시 월남에 가게 되었다고 말했다.

그녀에게 꼭 월남으로 다시 간다는 말을 해야만 했다. 당신이 나를 이대로 버려둔다면 나는 전쟁터로 가고 말거야 하는 시위였다. 마지막으로 그녀가 나를 잡아주길 바랐다. 그녀를 잊기 위해 월남에 가길 자원했지만 또 한편으론 추호도 그녀를 보낼 생각은 아니었다. 오히려 그렇게라도 해서 그녀를 다시 돌아오게 하고 싶었다. 그것은 마지막 발버둥이었다.

그녀가 눈이 휘둥그레지더니 이내 고개를 푹 숙여버린다. 얼마쯤 지나 얼굴을 들어 창밖을 바라보다가 이윽고 내게 시선을 던졌다. 그렁그렁 맺혔던 눈물이 볼을 타고 흘러내린다. 입술을 달싹거리며 무슨 말을 하려다가 다시 고개를 숙이고 만다. 나 역시 어떤 말이든 하고 싶었지만 눈이 흐려지면서 입이 얼어붙은 듯 도무지 할 수가 없었다. 한참을 그렇게 서 있었다.

자형은 내 속내를 모르고 어서 오라 반겼다. 거두절미하고, "저 다시 월남가게 되었어요." 했더니 "그 위험한 곳을 또 가, 결혼까지 약속한 아가씨를 어떻게 하려고? 어머니가 무척 걱정하실 텐데…." 하며 말렸다. 결혼 날짜는 잡지 않았지만 이미 집안 간에 언질이 오고 간 터였다. 내가 알아서 하겠다며 용수철 튀듯 밖으로 뛰쳐나왔지만 도대체가 어찌된 일인지 알 수가 없었다. 그렇다면 그녀의 태도는 무엇이며, 또 내가 월남에 가야 할 이유는 무엇일까. 뭐가 뭔지 그저 혼란스럽기만 했다.

그래도 재차 파월 명령을 받았으니 어쩌겠나? 월남에 다시 가면 혹시 그녀가 예전처럼 지극한 마음을 되살려 편지라도 보낼 지도 모른다는 막연한 기대도 있었다. 하지만 상황을 보아하니 이젠 다 끝난 것만 같았다. 이제 그녀와 영원히 헤어지게 되었다는 생각으로 뒷머리를 세게 얻어맞은 것처럼 멍했다.

월남에 있는 동안 가슴 아픈 시간이 한줄기 바람처럼 지나가길 바랐다. 하지만 날이 갈수록 더욱 사무치기만 했다. 나에게 언짢게 했던 일들은 모두 잊어버리고 상냥하게 대하던 모습들만 수시로 다가왔다. 어느 날은 생생하게 나를 보고 웃고 있는 꿈을 꾸기도 했다. 그런 땐 그리움이 더욱 가슴을 아프게 했다. 2년이 지나 귀국했다. 먼저 그녀가 궁금했다. 공항에서 시외 전화를 걸었다. 지난해 그만 두었다는 낯선 목소리가 귓전에서 쨍하고 유리병이 깨지듯 파열음을 냈다. 마음을 가눌 길이 없었다.

나는 몇 년 뒤 결혼했다. 나를 위해서나 아내를 위해서도 그녀를 잊어야 했다. 그간의 편지들을 모두 태워버렸다. 그러나 그것은 하나의 형식이었을 뿐 그녀는 휴화산처럼 내 가슴 속에서 떠나지 않았다.

아이 둘을 낳고 전방에서 근무하고 있을 때였다. 부대에 들어가려고 버스를 탔는데 한 아주머니가 아기를 업고 아이 하나를 손에 잡고 의자에 기대어 서 있었다. 그녀였다. 쿵쿵 뛰는 가슴을 억제하며 뚫어지게 쳐다보았다. 그녀도 나를 알아보고 당황하여 얼굴을 붉혔다. 우리는 주위의 시선도 아랑곳없이 한참동안 멍하니 마주보며 있었다. 그녀가 중간에 내린 뒤에야 청청한 대낮에 내가 헛것을 보았나 하는 생각이 들었다. 여러 날 수소문 끝에 내가 근무하고 있는 예하부대 장교 부인이라는 것을 알아냈다.

그때부터 그녀가 어떻게 장교와 만나 결혼했는지. 자기가 다니던 직장에도 잘 생기고 직책도 좋은 남자들이 많이 있었을 텐데 왜 하필이면 군인을 만나 전방까지 와서 고생을 자초했는지. 혹여 나를 못 잊어서 그 장교와 결혼한 건 아닌지. 부질없는 생각에 시달렸다. 시간을 내어 그녀가 사는 집 근처를 서성거리기도 했다. 기필코 그녀를 만나보고 싶어 그런 것은 아니었다. 나도 모르게 발길이 문득 그녀의 집을 향했을 뿐이다.

먼발치로 그녀가 살고 있는 집을 바라보노라면 파란 대문이 반쯤 열려 있어 그녀가 아이를 데리고 나올 것만 같았다. 그저 파란 대문만 보아도 가슴이 아릿했다. 그도 잠시 그녀는 또 떠나고 말았다. 남편의 건강이 나빠져 예편을 한 것이다. 그때 허전함이란 ….

지금은 자식들도 다 제 살림을 차려 분가했다. 하지만 내 가슴 속에는 그녀가 있다. 내 속에 아직도 그녀에게 못 다한 얘기가 살아서 꿈틀거린다. 이 나이에 그녀를 생각한다는 것은 주책이다. 하지만 그녀에게 나는 물어 보아야 한다. 왜 나에게 헤어지자고 했는지, 내가 월남에 다시 가게 되었다고 했을 때 왜 눈물을 흘렸는지.

사는 것은 꿈꾸는 일이고 꿈을 꾸기에 살아있다. 누구나 육신이야 쇠락해 간다. 그렇게 풍화되어 가는 육신은 모든 기억의 집이며 무늬이고 퇴적물이다. 흘러간 세월은 무심하지만 세월 때문에 추억은 더 생생하고 아름다워질 수도 있다. 기억의 한 지점으로 아무 때나 돌아 갈 수 있다는 것이 나에게는 은밀한 행복이다. 그녀를 떠올릴 때면 나도 수줍은 청년이 된다. 기억의 집에서 우리는 언제나 순결한 처녀 총각으로 살아 있을 것이다. 추억 속의 사연에 보다 더 너그러워지는 게 나이 듦의 아름다움일지도 모른다.

비울수록 채워지는 결혼식

결혼은 물과 달빛의 관계가 아닐까 생각한다. 선조들은 결혼을 어른으로 가는 관문이라며 '물만 떠놓고 혼례를 치러도 잘만 산다' 고 하지만 물질을 중요시하는 현대사회에서는 그처럼 단순하지 않은 함수들이 있다. 재물과 명예에 집착하는 혼사를 종종 본다. 그럴 때마다 마치 물에 비치는 달빛을 보고 물을 뜨면 달빛까지 떠지기를 소망하는 모순을 엿보고 만다. 마음을 비울수록 행복해지는 게 결혼이라 하고 싶은데 현실이 그렇지 않으니 고려시대 문인 이규보의 시를 읽으며 달래볼 뿐이다….

山僧貪月色(산사의 스님이 달빛을 탐내어)
拜汲一瓶中(병속에 물과 달을 함께 길었네)
到着方應覺(절에 돌아와 비로써 깨달았네)
瓶傾月赤空(병을 기울이면 달은 없는 것을)

(고려시대 문인) 영정중월詠井中月

중국의 전통혼례는 여자가 남자 집으로 가지만 우리나라의 경우는 그 반대다. 이를 서류 부가壻留 婦家라 하여 장가든다는 뜻이다. 여자가 본가에서 신랑 집으로 가는 날을 시집가는 날이라 하여 큰 잔치를 한다. 고구려 때는 주로 저녁 첫 별 뜨기 전에 촛불을 밝혀 놓고 했기 때문에 화촉華燭을 밝힌다는 말도 그때 생겼다고 한다.

우리나라에서 처음 현대식으로 혼례를 올린 것은 1920년 동경대학 출신인 김우영金雨英과 동경여자미술 전문학교 출신인 나혜석羅蕙錫인 것으로 알려져 있다. 주위에서 결혼식을 재력과 신분의 과시 수단으로 이용하는 것을 본다. 상술은 이에 편승하여 잠시 입는 드레스를 많은 돈을 주고 맞춰 입고 호화로운 예식장이나 호텔에서 한다. 화려하고 풍성하게 한다고 행복까지 보장된다면야 좀 무리를 해도 탓 할 수 없겠지만 꼭 그렇지는 않는 것 같다.

나도 고위 공직을 지냈거나 사회적으로 명성(?)이 있는 분,

군대에서 높은 계급에 있던 사람들의 혼사 청첩장을 받고 나서 나마저 그 반열에 끼어 있는 것처럼 으쓱했던 때가 있었다. 큰아들 결혼식 때는 알고 지내던 사람들을 모두 초청하고 예식장 앞에 화환도 늘비하게 세우고 손님을 맞았다. 남들이 묻지도 않는데 아들에게 무엇 무엇을 해주었노라 자랑도 했다.

그 후 얼마 지나자 기氣 부리며 자랑삼아 했던 말들이 비웃음으로 되돌아와 창피함이 몇 배는 될 듯싶었다. 그때 초청했던 사람들에게 갚아야 할 축의금 빚이 없는 놈 제사 돌아오듯 했다. 나름대로 최선을 다했지만 갚지 못한 경우도 많았다. 받는 만큼 빚이 날로 무겁게 느껴졌다.

사람들이 많이 찾아주기를 바랬던 마음이 얼마나 어리석었나 깨닫는데는 오래 걸리지 않았다. 둘째 아들 결혼식에는 큰아들 일을 거울삼아 가족들과 몇몇 친지, 꼭 모셔야 할 몇 분만 초청하려 하자 아들은 평생 한 번인데 많은 사람들 앞에 좀 더 보란 듯이 화려하게 치루기를 바랐다.

자식은 필요할 때 부모에게 욕심을 부린다. 그래서 불가에서는 전생에 빚 진 자가 부모가 된다고 했다. 어찌 보면 지금 부리고 있는 욕심이 사회의 결혼 풍조나(일부이기는 하지만) 지난날 나의 올곧지 못한 생각들이 자식에게 전이 되었을 것을 감안하면 당연하다는 생각도 들긴 한다. 그렇다고 또 무리를 해서 그 후유증을 감내하기엔 자신이 없었다.

'시간은 누구에게나 기다려 주지 않는다. 젊었을 때 노력해서 얻은 보람이 즐거움 되는 것이다. 높이 나는 새는 멀리 볼 수 있다. 지금의 화려함보다는 먼 장래를 위해 마음을 좀 더 넓고 크게 포부를 가지고 내 스스로 가꾸는 삶이 더 의미 있다'고 말해 주었지만 세태가 세태이니만큼 아이로서는 쉽게 받아들일 수 없을 것이다. 그러고 나서 말과 말이 이어지고 마음과 마음이 통해 서로 간에 내면의 깊은 세계로 공감하고 싶었다.

지금 아들이 겪고 있는 고통스러운 이 순간이 어쩌면 성공의 씨앗이 되기 위해 신神이 준 기회라고 생각하면서, 아들도 많은 고민 끝에 내린 결정이겠지만! 이해를 구할 수 있었다. 검소하게 치루면서 큰 아이 결혼 때처럼 시집詩集을 출간한다면 아들에게 평생 기념으로 남을 것 같았다. 결혼식 날 초청한 손님들에게 한권씩 드리려고 하니 마음이 한결 가벼워지고 몇 해 전 책을 받으며 밝게 웃어주던 모습들이 눈에 선하게 다가왔다.

군대에서 장교 생활 30여년이 넘게 하는 동안 알고 지내던 사람들이 보내주겠다는 화환도 동창들, 단체 모임의 축전도 모두 사양하고 조용히 예식을 치렀다. 그런데도 어떻게 알았는지 오랜 동안 병상에서 투병하고 있는 친구가 딸을 보내 축하해 주어 참으로 감사했다. 아빠가 참석치 못한 애틋한 감정 때문인지 눈시울까지 적신 친구 딸의 모습이 애처롭고 예쁘게 보였다. 아무것도 바라지 않으면서 남에게 베푸는 것만으로 행복을 느끼는 분들의 참뜻에 가슴이 따뜻했다.

스님은 "마음에 일이 적어야 하고, 입에 말이 적어야 하고,

배에 밥이 적어야 행복하다."고 했다. 삶이 풍요로워지기 위해서는 자기 마음의 운전대를 잡고 길을 잘 찾아가야 하며 분수대로 살아야 한다고 말은 하면서도 나만은 예외인양 행동했다. 허세도 자존심도 버려야 하는데 손가락 사이로 물이 새듯 허황된 탐욕이 빠져 나간 뒤에서야 그 것이 쓸모없다는 것을 알게 된다. 그간 헛되이 세월을 보내버렸으니 늘 지각생일 수밖에 없다.

틈을 내어 영종중월 詩를 읽을수록 마음을 차분해지고 명상에 잠기게 한다. 스님이 달빛을 탐냄이 얼마나 자연스럽고 아름다운가. 그마저 부질없는 것이고 우리가 채우고자 하는 욕망또한 우물에 비친 달과 같다는 것을 꼬집고 있다.

詩를 통해 그 꼬집힘이 아프다기보다 후련해하는 것은, 마음은 늘 푸른 나무 같지만 실제와 다른 나만의 아집이고 허상이었다는 것을 알게 되었다. 이제는 철갑처럼 입고 다녔던 과시의 굴레를 벗고 자유로워지고 싶은데 그 또한 소망일뿐이다.

불의 바다에 우뚝 솟은 독도

1986년 동해안에서 근무하고 있을 때다. 지형 확인 차 독도에 다녀와야 했다. 한민족의 정기가 살아 있는 백두산, 그 태백의 줄기를 따라오다가 한 점 뚝 떨어져 나와 동해의 푸른 물에 안겨있는 독도 .

지금이야 허가를 받으면 어렵지 않게 갈 수 있지만 그 때만 해도 일본과 영토 문제가 얽혀있어 군인이 독도에 가본다는 것은 생각하기 어려웠다. 더구나 군함은 위관장교 때 월남에 파병되면서 미국 수송선을 타본 이후 20여년 만이라 감회가 새로웠다. 독도 주변 순시를 하는 해군의 장교나 하사관들이 한 번쯤

섬에 올라가 푸른 수평선을 굽어보고 싶었지만 그러지 못했다면서 육군 장교가 상륙까지 한다니 대단한 행운이라고 부러워한다. 해군사령관조차 처음 가는 길이라고 한다. 들뜬 마음 한시가 바빴지만 저녁 무렵 묵호항을 출발하여 긴 시간 밤바다를 헤치며 가서야 도착할 수 있었다.

군함의 선실은 일반 객실과 달리 좁고 층층이 침대 식으로 되어있어 한 사람이 누울 만큼의 공간밖에 없어 답답하다. 내일 아침 찬란한 해돋이도 보고 우리의 영산 백두산의 막내격인 독도를 밟아 볼 수 있다는 설렘 때문에 잠이 쉽게 오지 않았다. 몸을 이리저리 뒤척이며 잠깐 잠이 들었다가 눈을 떴을 때는 선창에 뿌연 어둠이 걷히고 있다. 서둘러 선상으로 나갔다. 배는 독도 1마일쯤 떨어진 곳에 정지해 있다.

어스름하게 보인 저, 섬이 우리의 영토 독도란 말인가, 수반에 놓인 수석처럼 아름답고 돌멩이 하나하나가 예사롭지 않다. 가슴이 뭉클했다. 안개 속의 여명을 헤치고 솟아오르는 붉은 태양이 온 세상을 태울 것 같다.

해군 사령관과 간부들도 나와서 몇 마디 대화를 나누는 사이 동쪽 수평선 넘어 이글거리는 태양이 이내 주위를 온통 주홍색으로 물들이며 바다를 송두리 채 끌어안고 있다. 평소에 보던 태양보다 다섯 배 아니 그보다 더 크게 보인다. 바다가 기름인 양 활활 타오르는 불의 바다. 세상의 어떤 것을 갖다가 놓아도 이보다 더 황홀한 볼거리는 없을 것 같다. 모두 말문이 막히는지 "아~저, 저 !"하고 감탄만 계속할 뿐 더 이상 아무 말도 하지 못한다. 해돋이를 더러 보았지만 이렇게 신비스러운 광경은 처음이라고들 한다. 나 또한 처음이자 마지막이지 않을까하는 생각에 비장한 마음마저 들어 카메라를 연신 눌러 댔다. 짧은 글로도 옮겨 보았다.

붉은 융단 깔린 바다에 / 금빛 찬란한 꽃불
수평선에 불 지펴놓고 / 태양이 바다를 안고 승천한다.
이글거리던 꽃불 / 눈에 불씨를 심어
안으로 점점 타 들어가 / 끝내 가슴까지 태운다.
속내에 용암이 흐르는가 / 바닷물로 씻어도
불씨는 꺼지지 않고 살아 / 영靈의 꽃불로 가슴에 핀다.

－해돋이

당시 독도에는 배가 접안할 수 있는 시설이 없어 군함에서 헬기로 상륙해야 한다. 상공을 몇 번 순회한 다음 내리자 경비대 요원들이 반갑게 맞아 준다.

독도는 행정구역상 경북 울릉군 울릉읍 노동리이다. 울릉도에서 동남방으로 약 90㎞ 떨어져 있다. 조선시대에는 삼봉도三峰島, 우산도于山島, 가지도可支島, 라고도 불렀다. 세종실록에도 엄연히 우리 영토로 기록되어 있고 1617년 일본의 막부 장군이 독도는 조선 땅이라고 했던 문서도 있다. 그 외에도 삼국사기

고려사 등 수많은 역사적 자료로 독도는 우리 영토임이 입증된 바다. 또 1900년 10월 25일 조선의 황제 칙령 41호에 따라 국제 사회에 확인 시킨 바도 있다. 그런데도 일본이 1905년 우리나라를 강점하면서 자기네 영토로 편입시키고 그것을 근거로 억지를 쓰고 있다.

독도는 동도와 서도로 나뉘어져 있고 주위에 34개의 작은 섬들이 산재한 넓이는 0.5평방미터 정도다. 섬에는 잡풀만 무성할 뿐 나무 한 그루 없는 바위섬으로 되어 있지만 깎아 세운 듯 한 기암절벽이며 촛대 같은 바위, 병사가 보초를 서고 있는 모양의 바위, 숫사자가 목덜미의 털을 세운 채 대마도 쪽을 바라보며 눈을 부라리고 있는 모습의 바위(내 눈에는 그렇게 보였음), 그 외에 갖가지 바위들이 만물상을 연상케 한다. 또 철썩대는 파도 소리, 하얗게 흩어지는 포말들의 절경이 더없이 아름답다. 천연 기념물인 괭이갈매기를 비롯한 수많은 바닷새들이 서식하고 있다. 이 작은 섬들은 영토를 지키는 군사적인 면뿐만 아니라, 해양자원 확보라는 측면에서 큰 의미를 갖고 있다. 최근에는 독도 주변 바다에서 천연가스며 지하자원이 헤아릴 수 없을 만큼 매장 되어 있다고 알려지자 일본이 더욱 발악을 하듯 억지를 부리고 있다. 이처럼 중요한 지역과 자원을 보호하기 위해 파견된 요원들의 근무여건이 매우 열악하다. 태양열 전원으로 겨우 등대와 통신 문제를 해결할 뿐 냉장고도 가동할 수 없다. 잔잔한 파도에 고기가 떼 지어 펄쩍펄쩍 뛰는데 그림의 떡이고 사방에 푸른 물이 넘쳐나건만 정작 샘 하나 없고 물 한 방울 나오지 않아 빗물을 받아 식수로 활용하고 있다. 그도 부족하다며 웃는, 티 없이 맑고 순수한 모습에서 구태여 말하지 않아도 애국심을 느낄 수 있었다.

독도에서 울릉도까지는 배로 네다섯 시간이 걸린다. 기상 관계로 왕래가 여의치 못해 생활용품도 넉넉지 못하다. 우리가 가던 날이 마침 요원 교체와 일용품이 보급 되는 날이어서 그 수송선이 도착한다. 교체되는 요원은 육지로 나가는 기쁨보다 동료들과 헤어짐을 무척 아쉬운 듯 서로 껴안은 채 떨어질 줄 모른다. 무엇이 저토록 정들게 했을까. 부모도 고향도 다를 터이지만 피보다 진한 것이 전우애라 했던가. 몇 번을 더 붙들고 안고 하더니 끝내 눈시울을 적시는 병사도 있다.

독도에서 나는 많은 생각을 했다. 고독한 채로 의연하게 동해 바다에서 날마다 붉은 해를 밀어 올리는 대한민국의 영토 독도를 누가 감히 넘볼 것인가.

《관악문학》 2007. 10월호.

제3부 봄날 진주의 눈물을 보다

고사

천사가 사는 집

봄날 진주의 눈물을 보다

가계치

잘나야 여복도 천복이 되는 거여

밍크 옷 때문에

고사告祀

1980년도 서부전선 철책 경계를 담당하는 대대장으로 근무하고 있을 때다. 전방에는 적의 침입을 저지하기 위해 지뢰를 매설하여 놓은 지역이 많다. 특히 6 · 25 한국 전쟁 시에 매설한 지뢰들이 미확인 된 채 산재해 있고 빗물에 씻겨온 폭발물들이 여기저기 묻혀있다. 때문에 반드시 확인된 통로나 안전 지역에서 수색이나 매복 작전을 해야 하는데 주의력이 부족한 병사들이 이를 무시하는 경우가 있다. 그에 따른 안전사고 예방에 주의를 기울였지만 뜻밖의 사고가 발생하곤 한다.

그 날도 야간 매복 작전이 계획되어 있었다. 아침 회의 중에 아내로부터 전화가 왔다. 간밤 연대장 사모님 꿈에 우리 부대에서 큰 사고가 났더라며 고사를 한번 지내보면 어떻겠느냐는 말을 설핏 비치더란다. 그 순간 열이 머리로 확 솟는 것 같고 벌컥 짜증이 났다.

"그게 무슨 뚱딴지같은 소리야!" 나도 모르게 큰소리가 튀어나가고 말았다. 병사들 이목도 있고 만약 다른 부대에서라도 이를 알게 되면 얼마나 큰 웃음거리가 되겠는가. 하지만 시간이 지나면서 아내의 이야기에 자꾸 신경이 쓰였다. 종일토록 생각을 거듭하다 보니 고사 한번 지내서 안전할 수 있다면 그까짓 비난이 무슨 문제가 되랴 하는 생각이 들었다.

그러는 사이에 해는 기울기 시작했고 야간 매복에 들어갈 시간이 점점 다가왔다. 정말 사고가 나서 병사들이 다치기라도 하면 어쩌나 하는 불안이 가슴을 짖눌러 왔다. 마침 인사장교(사고 업무를 처리 함)가 내 고민을 알고 있었다는 듯 고사를 지내는 것이 좋겠다며 조심스레 건의를 해왔다. 슬그머니 고개를 끄덕였다.

막상 고사를 지내려니 절차가 궁금했다. 여기저기 동료 가족이나 알 만한 사람들에게 전화로 물어보고 가까운 마을 어른을 찾아가 알아보았다. 선조들은 무슨 일이 있을 때마다 고사를 지내는 것이 생활의 일부였다는 것을 알 수 있었다. 음력 시월 상달에 집안의 안녕을 위해 가신家神에게 지내는 고수레가 있고, 새집을 지을 때 올리는 성주城主고사, 조상의 묘나 집터를 잡을 때 하는 명당明堂고사, 집안의 안녕을 비는 안과태평安過太平고사가 있었다. 그 방법 또한 지방에 따라 조금씩 다르지만 격식이 중요한 것은 아닌 듯 했다.

고사 상床 차리는 예법이야 잘 모르지만 정성을 다하면 될 것 같았다. 참모들이 서둘러 제물을 준비했다. 돼지 머리를 가운데 놓고 깨끗하게 씻은 과일을 접시에 소담스럽게 담았다. 향을 피우고 고사 패에 큰 글씨로 안과태평安過太平이라 써서 붙였다. 내가 제일 먼저 절을 올린 다음 무릎을 꿇고 두 손을 모았다. 눈을 감고 있으려니 주위에서 가끔 풀벌레 소리, 나뭇잎 스치는 소리만 고요를 깨트릴 뿐 산천은 침묵 그 자체다. 코끝을 스치는 향내가 마음을 심연深淵에 내려놓은 듯 한없이 깊어지고 맑아지며 점점 엄숙해졌다. 우리 병사들이 제대할 때까지 한 사람도 다치지 않고 모두 건강하게 지내다가 고향으로 돌아갈 수 있게 해달라고 빌었다.

그러자 아들을 전방에 보내놓고 한시도 잊지 못하고 노심초사 하는 부모님들의 마음이 내게 전이되는 듯 했다. 또 한여름의 무더위며 극성스러운 모기떼들을 견뎌야 하고, 추운 겨울밤 살을 에는 바람 속에서 적막한 어둠을 주시하며 초소를 지켜야 하는 병사들의 고독한 심사며 국가를 위해 청춘을 바치는 그 아름다운 마음이 가슴으로 절절하게 다가왔다. 나도 모르게 눈물이 볼을 타고 흘렀다.

어느새 나는 순정한 마음이 되어 있었다. 이어 참모와 예하지휘관들도 숙연하고 진지하게 절을 올렸다.

고사를 마치고 우선 음식 중에 제일 좋은 것을 골라 산신께 올렸다. 병사들을 보살펴 줄 테니 걱정하지 말라는 산신의 대답인 듯 산뜻한 바람이 이마를 스쳤다. 밤이면 부대 철조망 앞까지 찾아오는 멧돼지와 오소리들을 위해서도 제물을 조금 던져주었다 그러다보니 삭막하던 산과 나무도, 멧돼지와 오소리도 다 한 가족이라는 생각마저 들었다. 남은 음식은 병사들이 나눠 먹었지만 문제는 술이었다. 오랫동안 술에 굶주렸을 병사들 심정을 생각하면 조금씩 나눠 먹이고 싶었지만 경계의 중책을 놓고 술을 먹일 수는 없었다.

그때 문득 부대 근처에 연고가 없어 늘 잡초가 우거진 채 쓸쓸하게 방치된 묘가 생각났다. 술과 음식을 들고 그 곳으로 갔다. 초라했지만 백지를 깔고 정성으로 예를 갖추었다. '영령靈靈이시어! 그간에 가족들 곁을 떠나 혼자 지내면서 얼마나 외로우셨습니까. 옆에 있는 저희들마저 찾아뵙지 못해 죄송합니다. 여기 가져온 시원한 막걸리 한 잔 드시고 그간의 섭섭함이나 이승의 한恨 다 접고 영면永眠 하십시오.' 라고 인사를 드린 뒤 봉분에 술을 부었다. 그러다보니 오가며 일별도 하지 않고 더구나 명절 같은 때를 챙기지 못한 게 참으로 미안해졌다. 이승과 저승을 한 걸음 사이에 두고 이웃이 되어 살고 있다고 생각하니 그도 남 같지 않았다.

그 날 밤에는 집무실로 돌아오자 무슨 대단한 일이나 끝낸 것처럼 긴장이 풀리면서 몸은 피곤했지만 마음이 더 없이 편안했다. 평소 거르는 일이 없던 순찰마저 쉬고 만사를 하늘에 맡기는 심정으로 잠자리에 들었다.

다음날 새벽, 상황 보고는 평소와 다름이 없었다. 곧 바로 지프차를 타고 병사들이 작전수행하고 돌아오는 지점으로 갔다. 그들의 손을 하나하나 잡아주며 혹여 다친 데나 없는지 확인했다. 모두들 피로한 기색이었지만 아무런 이상이 없었다. 기쁜 마음으로 돌아오면서 정말 어젯밤 고사 지낸 효과가 있었던 것 같아 내심 흐뭇했다. 그런데 아침 식사를 마치고 잠시 쉬고 있을 즈음, 인사장교가 헐레벌떡 뛰어오더니 급히 문을 밀치고 들어온다.

순간 사고가 난 것 아닐까, 가슴이 쿵 내려앉았다. "제발 사고가 아니었으면." 나도 모르게 속으로 중얼거렸다. 그러면서 고사도 지냈는데 별 일이야 있으랴 싶어 은근히 거기에 마음을 의지했다. 인접 부대에서 작전수행 중 안전사고가 났다고 보고한다. 그의 얼굴엔 우리 부대가 무사했다는 안도의 표정이 역력했다. 사고 난 것이 참으로 유감이었지만 휴~나도 모르게 가슴을 쓸어내렸다.

그 후 인접부대 지휘관들은 너희 부대는 고사를 지내서 사고가 안 난 것 같다며 자기들도 고사 한 번 지내봐야겠다고 했다. "그래 한 번 지내봐. 그거 참 이상하더군. 마음이 경건해지고 무언가 달라지는 것같더라구." 농담반 진담반으로 한마디 툭

던지며 피식 웃었다. 그들이 과연 내가 웃는 의미를 알 수 있었을까,

중요한 것은 형식이 아니라 마음이다. 예를 갖추는 것은 결국 한없이 겸손해지고 사람이나 자연을 존중하는 마음이어야 편안하게 살아 갈 것이다.

그 후로 병사들 간에 사소한 다툼은 있었지만 별다른 문제는 없었다. 꼭 고사 덕이라 말할 순 없지만 우리 마음에 어떤 잠재의식이 작용했는지도 모른다. 사고 없는 사기왕성한 부대가 되었다. 그러자 주위에선 우리 부대를 '한마음 부대'라고 불렀다.

≪수필과 비평≫ 2006. 9·10월호

천사가 사는 집

큰아들 내외의 갓 돌 지난 손자를 데려다가 돌보고 있다. 낮 동안만 보아주지만 그나마 아내의 건강이 좋지 않아 걱정이다. 내 일상 또한 달라져 아기를 데려온 뒤부터 여유 있게 하던 일들도 쫓기 듯 하고 만다. 모든 생활은 아기 위주로 바뀌다 보니 즐기던 바둑이나 등산은 물론 글쓰기도 더욱 어렵다. 친구들이 이런 나를 보고 손자 위해서 사느냐고 빈정거린다. 지난 날 내가 그들에게 했던 말을 되돌려 받고 있어 미소 짓고 만다.

할머니 화장대를 오르내리고 할아버지 책들이 장난감으로 변해 집안 전체가 아기 놀이터가 되어 생활 자체가 흐트러진 것 같다. 그래도 시간이 지날수록 조손祖孫 간의 정이 소록소록 더해간다. 아기가 집에 오기 전에는 나와 아내는 자기 일에만 신경을 쓸 뿐 별로 대화도 없는 덤덤한 나날을 보냈다. 지금은 손자가 할머니와 할아버지의 대화 메신저요 새로운 삶의 즐거움을 주는 희망의 꽃이다. 마누라와 자식 자랑은 팔푼이 짓이라 했는데 손자 자랑도 그에 못지않을 것이다. 팔푼이 아니 칠푼이가 되어도 그것이 나의 행복이니 자랑을 시작할까 한다.

아기는 태어 날 때 몸무게가 4.3kg나 되어 자연 분만으로 낳느라 어미가 무척 고생했다. 지금은 제 또래에 비해 체격이 약간 크지만 분유 선전에 나오는 아기처럼 예쁘지는 않다. 얼굴은 하얀 편이고 이마가 제법 넓다. 요즈음은 남자들도 코를 세우고 얼굴 성형도 해야 사회생활에 도움이 된다고 한다. 기왕이면 천연 쌍꺼풀 하나 삼신三神의 선물로 받고 태어났으면 좋으련만 그러지도 못했다. 그런데도 내 눈에는 예쁘기만 하다.

아기가 하루하루 커가는 모습이 신통하고 흐뭇하다. 흑진주보다 까맣고 맑은 눈빛이 희망의 총화 같다. 앙증맞은 손으로 장난감을 만지거나 툭툭 던지는 모습도 그냥 보아지지 않는다. 거실에서 세발자전거에 태워 "뛰뛰빵빵" 소리하며 밀어주면 까르르 까르르 웃는 모습이 눈에 넣고 싶을 만큼 귀엽다. 갓 태어난 병아리 같이 보송보송한 피부가 내 얼굴에 닿을 때면 그 감촉은 더없이 부드럽다. 가슴에 안고 있으면 입가에서 나는 우유 냄새까지도 세상에 그 어떤 향수보다 감미롭다.

옷을 벗은 채 고추를 내놓고 한 발짝씩 뒤뚱거리며 걸을 때마다 그 뒤를 따라가면 도망치듯 달아나다가 넘어지고 또 다시 일어서곤 한다. 밥을 한 숟가락을 입에 넣어주면 오죽거리며 먹는 모습이 참으로 사랑스럽다. 어쩌다가 울 때면 그 자체가 음악이고 흐르는 눈물은 수정보다도 맑은 청정수다. 이제는 말도 곧잘 한다. 엄마는 어언~마, 아빠는 아~앗 빠, 할머니는 할므이라 부른다. 천상의 노랫소리가 이처럼 아름다울 수 있을까 싶다.

어느새 힘들다는 것도 잊어버린 채 아기를 따라 웃으니 집안은 항상 웃음꽃이 핀다. 손자는 우리에게 기쁨과 행복을 주는 요술쟁이 같다. 천사가 아기를 낳으면 우리 손자 같은 아기를 낳을까? 얼마쯤 놀다가 힘겨우면 칭얼대기 시작한다. 자고 싶다는 표시다. 비록 말은 제대로 할 수 없지만 혈육 간에 느끼는 영감으로 소통을 나눌 수 있으니 불편하지는 않다.

인간에게는 참으로 불가사의 한 것이 많다. 언어가 안 될 때는 육체적으로 그도 어려우면 영감으로 통할 수 있게 해 주었으니 조물주에게 감사해야 할 것 같다. 손자는 업어 자기를 좋아한다. 제 어미가 그렇게 하면 건강에 좋다는 말을 들었는지 몇 번 업어서 재웠더니 그게 습관이 되었나 보다. 아기를 뉘어 놓고 아기천사 이야기를 들려주며 등을 토닥토닥 두드려 주면 어느새 잠이 든다. 자는 모습을 보고 있으면 세상의 고요와 평화가 그 얼굴에서 나온 것 같다. 숨소리도 새근새근, 얼굴이 백합

송이 같이 핀다. 세상에 이보다 청초한 것은 없을 것 같다.

그러나 오후에 아들 내외가 데리러오면 아기는 할머니 할아버지를 언제 보았느냐는 듯 엄마 품에 찰싹 달라붙어 아무리 불러도 쳐다보지도 않고 간다. 떨어져있는 동안 엄마 아빠가 얼마나 그리웠겠는가 생각하면 안쓰럽다. 다음날 아침에 다시 온다는 것을 알면서도 그간의 헤어짐이 섭섭하여 시야에서 사라질 때까지 서 있다가 돌아설 때에는 무언가를 잃어버린 듯 가슴이 허전하다. 멀어져 가는 아기의 뒷모습을 보면서 맑게 갠 하늘에는 별처럼 영롱하고 호수의 푸른 물빛 보다 더 잔잔한 아이 심성에 작은 티끌 하나도 묻어나지 않을 것이라 확신하고 있다.

손자가 자라면서 이루고자 하는 꿈이 많을 터이지만 한 가지 더 바란다면 사람의 마음은 자기가 바라는 쪽으로 되어 간다고 했으니 꽃을 좋아하고 자연을 좋아하는 마음으로 선하고 착하게 모든 이에게 사랑을 베푸는 사람이 되었으면 한다.

메추라기도 제 새끼가 세상에서 제일 예쁘다고 했다던가. 나 또한 본능적으로 손자가 귀엽기만 하다. 옛 어른들 말씀에 무엇을 잘못 보았을 때 눈에 무명씨가 박혔느냐고 핀잔을 주셨는데 나의 눈과 귀에 무명씨가 박혔으면 어떠랴. 덕분에 우리 내외는 천사와 같이 세월 가는 것도 잊고 사는데….

웃음과 기쁨을 주는 아기 천사를 생각하면 아기와 나누는 대화는 모두가 詩이기에 시 한 수 지어본다.

신비스러운 눈 / 새록 새록한 코
무슨 말을 하려는지 / 제비새끼 입을 하고
방긋방긋 웃는다.

언제나 천사의 얼굴 / 잠이 들 때면
평화가 여기 있고 / 사랑이 넘친다.

낮에는 천사와 놀고 / 밤에는
그 꿈 안고 있으니
우리 집은 / 천사가 사는 집

– 천사

봄날 진주의 눈물을 보다

봄은 새색시 발걸음으로 오는가. 관사 뜰에 매섭던 겨울이 물러나간 자리에는 어느새 봄이 자리바꿈을 하고 있다. 그 정경이 참으로 친화적이다. 살가운 햇살은 땅속 깊이 잠든 지열을 길어 올리고 흙은 보드라운 살결이 가려운 듯 부스럭댄다. 나무들은 약간의 아픈 기도 있으면서 새싹을 틔어놓는가 싶더니 산과 들녘이 푸르러졌다. 비온 뒤끝이라 잎들이 더없이 싱그럽고 화창하다. 봄은 조물주의 은총으로 오지만 그것을 느끼는 자의 것이라 했으니 마음껏 즐겨 볼 양으로 진주의 명승지를 찾아 나섰다.

마산을 지나 진주로 가는 길, 한반도 남쪽 젖줄인 낙동강이 산허리를 굽이굽이 휘감아 돌며 흐르고 있다. 6·25 전쟁의 비극을 지켜보았고 민주주의를 지켜주던 최후의 보루이며 생명줄이기도 한 낙동강, 지난날의 참상을 깊숙이 묻어두기라도 하듯 아무런 표정도 없이 침묵한 채 흐르다가도 더러는 그 때의 비극이 생각나는지 굽이치며 속을 토해내고 있다.

도로에서 조금 떨어진 산자락 양지바른 곳에는 시골 고향을 생각나게 하는 집들이 퍽 고즈넉하다. 주택 개량사업을 해서 인지 파랗고 빨갛게 단장된 지붕은 그림책에서 볼 수 있는 것처럼 조화를 잘 이루고 있다. 조각보 같은 채마밭 여기저기에는 남새가 파랗게 돋아나 있고 그 끝자락에 있는 초가집 두어 채가 이마를 맞댄 채 노을빛에 안겨 있다. 당산나무 아래서는 노인 몇몇이 정겨운 대화를 나누는지 얼굴엔 웃음꽃이 피었고 아이들은 공터에서 공을 차며 놀고 있다.

어둠이 드리워지자 하얀 연기가 여기저기 피어올랐다. 전등이 하나 둘씩 켜지는 농촌 풍경이 더없이 평화롭다. 그것을 보는 순간 어릴 적 향수를 억누를 수가 없다. 아버지가 장대로 따준 빨갛게 익은 감을 먹던 일, 골목에서 기차놀이하며 뛰놀던 친구들은 지금쯤은 어디서 무엇하고 있을까. 동심으로 빠져든다.

밤이 깊어서야 진주에 도착했다. 남강은 임진왜란 때 왜군과 싸우다가 많은 사람들이 빠져 죽은 비극을 다독이는지 무심히 흐르고, 선혈이 묻은 강을 비추는 가로등 불빛이 어둠을 삼키고 있다. 외곽 도로를 따라 진주성에 도착하자 입구에서는 야간에는 시민들의 휴식처로 활용하도록 입장료를 받지 않고 있다.

성내城內는 고풍스럽고 잘 다듬어진 조각품에서 선조들의 섬세한 손길을 면면히 느낄 수 있었다. 밤은 깊어 가는데 연인들의 산책은 더욱 정겨워 보인다. 노부부가 손을 살갑게 꼭 잡고 걷는다. 사랑엔 노소가 없는 듯. 늙음이 삶을 다 이겨내고 오히려 여유롭고 홀가분한 느낌을 준다.

다음날, 진주호를 찾았다. 옅게 깔린 물안개 속에 생기 가득한 아침 햇살이 유리같이 매끄러운 수면에 금빛을 쏟는다. 티끌 하나 묻어 날 것 같지 않은 맑은 하늘을 비추고 있는 파란 호수에 목화송이 같은 구름이 뭉게뭉게 피어 있다. 갈매기들이 수평선의 물결무늬를 물어 올리려는 듯 내려와 물에 발자국을 살짝 찍어놓고 하늘로 치솟고 다시 내려왔다가 날아오르곤 한다.

속살을 다 드러내 보일 만큼 물이 맑아 풍덩 뛰어들어 멱을 감고 싶은 충동을 느꼈다. 주위의 낮은 산에는 여린 풀잎부터 작은 미물까지 자기의 삶을 즐기는 모습에서 생동감이 넘쳐나고 나무들은 푸른 윤기가 흐른다. 산은 얼마나 많은 살집 좋은 바람을 품고 있기에 저리도 쉬지 않고 보내는 것일까. 바람이 어찌나 신선한지 살갗에 스칠 때마다 청량 음료수처럼 톡톡 쏜다. 숲 속에서는 봄을 품고 날아든 새들이 들풀 향기에 취해 부르는 노래 소리도 일품이다. 주위의 풍물을 떠 담고 있는 끝 간데 없는 호수, 그 위를 물결을 헤치며 떠가는 관광선, 물이랑을 내며 달리는 수상 보트가 더욱 시원하게 느껴진다.

하얀 망사처럼 펼쳐졌던 물안개가 걷히자 아기 입술보다도 더 부드러운 햇살이 호수에 뜬 산그늘을 서서히 거두어들이는 풍경들이 서정을 자아내게 한다. 철~얼썩 처얼썩 뭍으로 기어오르려는 파도소리에 젖은 나무들이 봄 햇살보다 싱싱하다. 바위에 앉아 있던 물총새가 쏜살같이 파란 물속을 파고들더니 붉은 맨발로 소슬바람을 차고 공중으로 튀어 오른다. 호수 가에 심어진 나무 그늘 아래서는 그윽한 봄내음에 취한 연인들이 손을 꼬~옥 잡고 발끝으로 수면을 톡톡 차며 살짝살짝 웃는 모습이 더없이 행복해 보인다. 나도 한 시절 저들 같은 청청한 젊음이 있었는데….

진주성 내 박물관에는 임진왜란 당시 우리의 민, 관, 군이 왜군과 격전 끝에 전원이 전사한 상황을 그대로 재현해 놓았다. 성을 지키던 김천일 장군이 "대장부 죽음을 어찌 소홀히 할 수 있겠는가." 하고 싸우다 끝내는 가족과 함께 남강에 목숨을 던졌다 한다. 선조들의 호국 정신이 어떠했는가를 다시 한 번 되새기며 마음이 숙연해진다. 역사적 유물들 하나하나 대할 때마다 선조들의 정취가 가슴으로 절절히 배어왔다.

강기슭 따라 절벽은 얼마나 오랜 세월의 무게가 쌓였는지 검버섯이 돋은 피부처럼 거뭇거뭇하다. 그 위에 지어놓은 촉석루, 밑으로는 바위마다 천년의 이끼가 푸른 카펫처럼 깔려 있고 강물은 연인들이 눈빛만으로도 사랑을 속삭이듯 조용히 흘러가고 있다. 학이 날아가는 듯 절경이지만 우리나라 질곡의 역사만큼 그 사연도 많고 피맺힌 한도 서려 있다.

논개가 열일곱 살의 꽃다운 나이에 취흥에 젖은 왜장을 껴안고 투신하여 순국한 곳이다. 꽃이 피는 것은 피를 토하는 것이며 지는 것은 흔적을 남기기 위한 몸부림이라 했듯 논개는 한 송이 백합으로 피었다가 석류 속보다 더 붉은 입술로 죽음에 입 맞추며 조국을 구하려 했다. 그때 논개가 끓어오르는 울분을 토해 놓은 詩가 생각났다.

> 흥하고 망하는 일 지금인들 뉘 알랴만
> 층층한 산마루에 촉석루만 높았구나.
> 청산은 들 밖에서 기어들다 끊어지고
> 강물은 정자 앞에 활짝 피어 깊었구나.

역사는 세월 따라 흘러가도 기억은 남아 사람들이 이곳에 오면 나라 잃었던 서러움에 울고, 처절하게 죽어간 영혼 때문에 울고, 아름다운 죽음 때문에 운다고 한다. 선조들의 나라 사랑과 조선 여인의 곱고 섬세하고 강인함은 우리의 핏속에 면면히 살아 숨 쉬고 있음이어라….

≪수필과비평≫ 2003. 동인지

기계치機械痴

어렸을 때는 기계에 관심이 많았다. 라디오나 시계, 전축 같은 것이 고장 나면 뜯어보길 좋아해 가끔 고쳐 쓰기도 했다. 어른들은 내가 기계를 잘 고치는 천재라도 되는 것처럼 추켜세웠다. 나는 우쭐해져 고장 난 것은 무엇이든지 가져오라고 큰 소리를 치곤했다. 그 무렵 주위 사람들로부터 크면 공업계통 학교에 가라는 말을 자주 들었다. 그 말에 영향을 받아서인지 공과대학을 가게 되었다. 하지만 직업군인이 되어서는 기술 병사들이 있었기 때문에 내가 기계를 만질 일은 없었다. 결혼 후, 집에서도 가전제품이나 카세트 같은 기계가 고장 나면 아내가 A/S

센터에서 기술자를 부르든지 동네 전파사에 가서 수리를 했다. 모처럼 쉬는 날, 심심해서 뭐 손 볼 것이 없느냐고 물으면 아내는 피곤할 터이니 푹 쉬라고 했다. 덕분에 형광등 하나 갈아 끼울 기회마저 없고 나는 기계와의 인연이 점점 멀어졌다.

수 십 년간 아침 일찍 출근해서 밤 늦게 들어오는 생활을 다람쥐 쳇바퀴 돌듯 했다. 정년퇴임하자 그 날부터 가슴을 송두리채 들어내 버린 것처럼 허허로웠다. 갑자기 내가 늙고 아무 쓸모없는 인간이 되어버린 것 같았다. 할 일이 없었다. 밤이면 늦게까지 텔레비전을 보다가 잠자리에 들어도 비몽사몽 깨기 일쑤다. 이른 새벽에 일어나면 과음한 뒷날 숙취처럼 머리가 멍하다. 무료하고 지루한 날들이 이어졌다. 딱히 갈 곳도 없어 방안에서만 서성거리고 책장에 책들도 아무렇게나 꽂혀 있다.

지난날 장교들이 휴가를 다녀오면서 갖다 준 책도 있고 몇 권은 내가 사서 읽다 말고 처박아 둔 것도 있다. 별 생각 없이 손에 잡히는 대로 뽑아 읽는 둥 마는 둥 뒤적이다가 언뜻 눈에 들어오는 글귀가 있으면 몇 자씩 적어 둔다. 얼마를 지나자 적어놓은 글들이 여기저기 흩어져있어 버리려다가 그나마 필요할지 몰라 한곳에 모아두었다.

그러던 어느 날, 아들이 능란한 손놀림으로 컴퓨터 자판을 두드려 순식간에 여러 장 되는 글을 쳐낸다. 또 화면에 그림과 색깔을 넣고 그 안에 편지를 쓰더니 E-mail을 보낸다. 아들이야 제 컴퓨터를 갖고 있으니 늘 해 왔을 테지만 그날따라 그런 모습이 대단하게 보인다. 내가 어릴 때 기계로는 천재라는 소릴 듣지 않았던가. 호기심이 났다.

아들에게 컴퓨터를 배우고 싶다 했더니 선선히 가르쳐 주겠단다. 하지만 마음 같지가 않다. 컴퓨터는 할수록 어렵고 배웠던 것도 곧잘 잊어버린다. 그렇다고 자꾸 되묻기엔 아버지로서의 권위와 자존심이 상한다. 공연히 시작했다는 후회도 되었지만 열심히 연습해서 아들을 깜짝 놀라게 하고 싶었고 이번 기회에 기계 다루는 것에 대해서는 내가 누구에게도 지지 않을 만큼 재주가 있다는 것을 은근히 보여주고 싶었다.

아들이 오래된 컴퓨터를 없애고 용돈을 모아 새 것을 구입해 놓았다. 색깔도 예쁘고 디자인도 마음에 꼭 든다. 아들이 출근한 뒤 컴퓨터를 켜 보았다. 첫 화면에 뜬 그림이 어찌나 맑고 깨끗하던지 쳐다보고만 있어도 저절로 손길이 끌린다. 얼마동안은 별 문제없이 되었는데 이게 어찌된 일인가. 화면이 갑자기 먹통처럼 검게 변하고 무슨 암호 문자 같은 게 떴다 사라지기를 반복한다. 크게 잘못된 것이 분명한데 아무리 이거 저거 자판을 눌러 봐도 소용이 없다. 도리 없이 그 상태로 몇 시간을 놔두었다. 잘못되면 어쩌나 걱정이 되지만 만약에 고장 났으면 고쳐주던지 그까짓 것 하나 사주면되겠거니 했다.

퇴근해 돌아온 아들은 시커먼 컴퓨터 화면을 보더니 다짜고짜 "아니, 아버지 이거 어떻게 된 거예요?" 하고 놀라 소리를 쳤다. 컴퓨터가 갑자기 안 되어서 여기저기 눌러보았더니 그리

되었다고 했다. "그냥 놔두어야지요. 그래야 고장 난 곳을 알고 고치는데, 아버지는 컴퓨터를 모르시면서 왜 손을 대셨어요?" 하고 핀잔을 주는 것이었다.

괘씸한지고. 야, 이놈아 이래 뵈도 한 때는 내가 기계에 관한 한 천재라는 소릴 들었다고 말하고 싶었지만 지금은 유구무언일 수밖에 없었다. 천재라는 소릴 들었던 것은 아득한 옛날 애기일 뿐이다. 이놈의 컴퓨터라는 것은 속을 통 모르겠으니 나는 백치가 되어 멀거니 서 있었다. 넘어뜨리거나 부딪힌 것도 아니고 살살 손가락만 댄 것인데 이 지경이라니, 나약한 지고, 요즘 기계는 철딱서니 없는 애들과 그 성향이 비슷하다는 생각을 하며 치밀어 오르는 부아를 다스렸다.

아들은 이리저리 컴퓨터를 만져보더니 내부가 전부 망가져 버렸다고 한다. 평소에는 다소 불만이 있어도 애비가 무서워 제대로 말도 못하던 녀석이다. 답답해서 속이 터질 것 같은 지 얼굴이 불그락 푸르락 벌겋게 달아올랐으나 그런 내색을 숨기려 더 기운을 빼는 거 같았다. 컴퓨터 속과 겉을 이리저리 살펴보는 손끝이 파르르 떨리기도 하고 컴퓨터에 화풀이를 하는지 투두둑 부러지는 소리가 나기도 했다. 나 역시 녀석의 심정을 알지만 난들 어떻게 할 수가 없으니 답답하기는 마찬가지다.

보다 못해 내가 하나 사 주면 될 것 아니냐고 했다. "저장된 자료들이 모두 없어져 버렸어요." 하며 퉁명스럽게 대답한다. 녀석은 꼭 먹이를 달라고 보채는 돼지주둥이처럼 입이 툭 튀어

나와서 씩씩대고 있다. 또 자료 때문에 못내 걱정이 되는지 긴 한숨을 내쉬기도 한다. 힐끔 애비를 쳐다보는 눈빛에는 원망이 묻어난다.

살다보면 이보다 더 큰 문제가 발생할 경우도 있을 텐데 짜~아식, 그까짓 것 가지고 너무 한다는 생각이 든다. 애비가 저를 어떻게 키웠는데, 이거, 해도 너무 하는 거 아냐, 화가 머리끝까지 치민다. 하지만 회사의 중요한 자료가 사라져 버렸다지 않는가. 녀석의 답답한 심정을 이해하며 꾹 참았다.

매일 컴퓨터를 배우며 아들 퇴근 시간을 기다렸고 재미가 쏠쏠했는데 그 일 이후 아들은 나와 얼굴이 마주 치면 고개를 푹 숙이고 곧장 제 방으로 들어가 버린다. 나 역시 컴퓨터를 더 배우겠단 말은 나오지 않는다. 아들이 컴퓨터를 어렵게 산 것은 나도 안다. 아깝고 다시 구입하는 것도 만만치 않겠지만 그보다는 중요한 자료의 상당량은 아예 재생할 수 없다고 한다. 그것 때문에 회사에서까지 많은 어려움을 겪었으리라 생각하니 한동안 마음이 편치 않다. 그 뒤로 어미에게 말해 새로 산 컴퓨터가 예전 것 못지않게 예뻤지만 그게 무슨 괴물이나 되는 것처럼 나는 가까이 가기도 싫었다.

소일 삼아 수필을 공부하러 다니기 시작했다. 문우들이 컴퓨터로 글을 정연하게 쳐왔다. 어떻게 하면 저렇게 잘 칠 수 있을까. 그러나 컴맹이니 어쩌겠나. 그들을 부러워만 했다. 원고지에 글을 쓰다 보니 썼다 지우기를 수 십 번 반복해야 했다. 조금

긴 문장은 몇날 며칠 밤을 새워야 하니 여간 힘들고 불편하지 않다.

아무래도 컴퓨터를 다시 배울 수밖에 없었다. 여러 날을 망설인 끝에 다시 아들에게 가르쳐 달라고 했다. 처음 배울 때보다 더 긴장이 되었다. "어제 가르쳐 드렸는데 잊으셨어요?" 한마디 할 때는 엄한 선생에게서 잘못을 지적당하는 학생처럼 가슴이 쿵쿵 뛰었다.

군대에서 몇 천 명을 앞에 두고 연설할 때도 이렇게 긴장되지는 않았다. 다른 사람에게 배웠으면 차라리 나았을 텐데 아들말고는 마땅히 가르쳐 달라고 할 만한 사람도 없고 그렇다고 컴퓨터 배우는 것이 뭐 대단한 기술이라고 학원에 까지 가서 배우고 싶진 않았다. 어린아이가 얼음판을 걷듯 자판기를 조심조심 두드리고 꼼꼼히 메모했다. 지난번 컴퓨터를 고장 낸 경력 때문에 처음 배울 때처럼 연습을 할 수도 없어 그 날 배운 것들을 기억해 두기 위해 잠을 설치기도 했다.

이제 아이들은 모두 출가해서 아내와 단 둘이 살고 있다. 아내가 건강이 나빠진 뒤로부터는 여러 가지 공과금을 내가 처리해야만 한다. 그 날만 되면 걱정이 앞선다. 몇 년 전만 해도 은행이나 동사무소에 가면 예쁜 아가씨가 창구에서 상냥하게 웃는 얼굴로 맞아주어 볼 일을 보러가는 것이 즐거웠었다. 요즈음은 웬만한 건 기계를 통해 각자 처리해야만 한다. 모두들 기계 앞에서 일을 척척 처리하는 것을 보면 감탄스럽다.

나는 기계 앞에만 서면 화면에 나오는 글씨가 가물가물하고 좀처럼 손이 가질 않는다. 그때마다 경비를 부르거나 옆에 있는 사람에게 부탁을 한다. 다행히 은행이 좀 한산해서 혼자서 천천히 익혀 보려고 머뭇거리다가 뒤를 돌아보면 항상 사람들이 줄을 서 있다.

그러니 편리 추구로 발명된 것들이 나 같은 사람에게는 불편스럽기만 하고 기계 때문에 오히려 스트레스가 더하다. 한때 기계의 천재 소릴 듣던 나도 요즘 세상에선 기계치가 분명하다. 우여곡절 끝에 겨우 워드나 하고, E-mail 이나 주고받는 정도다. 심지어 핸드폰도 통화만 하는 수준에 머물러 있다.

앞으론 공상영화에서나 볼 수 있는 많은 기계들이 등장할 것이다. 하지만 난 적응할 자신이 없다. 펜으로 멋을 내어 편지를 쓰고 주판알을 튕기던 시절이 그립다. 역시 난 아날로그형의 인간이다. 그 시대는 지금처럼 공무가 신속하지는 않았지만 끈끈한 인간적 유대가 있었다. 서로 표정만으로도 정감을 느낄 수 있었다.

지금은 모든 것이 기계에 의존하다보니 정은커녕 기계가 눈인사마저 빼앗아 가버려 씁쓸하다. 그나마 지금 살고 있는 게 다행일 지도 모른다. 조금 더 늦게 태어났더라면 더 미묘한 기계를 모시고 살아야 하지 않겠는가. 생각만 해도 끔찍하다.

기계 문명은 보다 더 빠른 속도로 발전해 갈 것이다. 지금 내 눈 높이로 보면 아들은 컴퓨터 선수처럼 보이지만 시대에

뒤쳐지지 않고 잘 적응하며 따라갈지 어떨지. 아들이 내 나이가 되었을 때, 제 아들로부터 기계치라는 말을 듣지 않았으면 좋겠다.

≪수필시대≫ 2007. 10월호

잘나야 여복도 천복이 되는 거여

남녀가 공히 어울려 사귈 기회가 있어야 사랑을 하든지 말든지 할 터인데 나는 그런 기회가 별로 없었다. 중학교에 갈 나이 때부터 태권도를 줄곧 해 왔다. 주먹으로 벽돌도 깨고 판자도 단숨에 깨뜨려 버릴 수 있는 운동이지만 나는 힘이 약해 그런 멋진 모습을 보여주지 못했다. 그저 단체로 하는 틈에 끼어 시범이나 보였으니 누가 나를 눈여겨보게겠는가. 그러다가 월남에 가고 귀국해서 얼마 있다가 결혼하고 장교 생활하다 정년퇴임하고…

더구나 다른 사람에 비해 체격이 작고 얼굴도 못 생겼기에 여자들의 관심의 대상이 아니었다. 그렇다고 내가 좋아하는 여자가 없었다거나 추억마저 없는 것은 아니다. 다만 나의 일방적 관심이었을 뿐 그 여자와는 상관없는 일이었으니 기억에 오래 가지 않았을 뿐이다.

내가 군대에 가게 되자. 대학 친구 몇몇이 지금까지 마음 주고 받는 여자 친구 하나 없다면서 소개해 주겠다고 나섰다. 군대에 가서 고향이나 부모 형제 생각 날 때 여자 친구와 편지하고 지내면 힘드는 훈련도 어렵지 않게 이겨 낼 수 있을 것이라 한다. 마침 대학 동아리에서 야외 놀이를 갔다.

한적한 시골인데 마을과 뚝 떨어진 곳에 정자가 있다. 주위에 사람들도 없고 정자도 깨끗했다. 한참을 술 먹고 노래 부르고 여학생들과 어깨동무하고 놀고 있는데 느닷없이 마을 청년 수 십 명이 삽이며 낫, 몽둥이를 들고 나타나 우리들을 때려죽이겠다고 위협한다. 이유인즉슨 정자는 농사철이 끝나면 마을 노인들이 휴식장소로 이용하는 곳인데 불량배들이 와서 정자를 더럽힌다는 것이다. 순수한 학생들인데 불량배로 몰리는 것이 억울하고 분했지만 어떻게 할 도리가 없었다. 거기에 모인 학생들은 그래도 학교 운동부에서 태권도, 유도, 권투를 하는 등 힘께나 쓴다고 자부하는 편인데 여학생들 앞에서 저런 촌놈(그 때는 그렇게 생각했음)들한테 호되게 당하고 있는 꼴이 말이 아니었다. 몇몇 학생들이 저까짓 촌놈들을 단숨에 해치워 버리겠다고 뛰어나가려고 한다. 혈기 왕성하고 물불을 가리지 않을 때인데다가 운동선수라는 것을 감안하면 못 해 낼 것도 없을 것 같았다.

하지만 서로 간에 피해가 속출하면 그 후의 수습문제가 클 것 같아 말렸다. 다행히 친구들이 내 말을 따라 주었다. 헌데 문제는 어떻게 이 자리를 빠져 나가 위기를 모면하느냐 것이다. 우선 남학생들을 두 패로 나누워 한 조는 달려드는 마을 청년들을 막아야 하고 다른 한 조는 여학생들을 보호해야 했다. 그렇다고 막을 수 있는 도구가 있는 것도 아니어서 도로에 깔려 있는 자갈을 사용할 수밖에 없었다. 돌팔매질로 있는 힘을 다해 던지고 가까이 오면 큰 돌을 들고 위협하자 쉽게 우리에게 접근하지 못했다.

우리는 군사작전하듯 청년들을 저지하고 지연시키면서 마을을 벗어 날 작전을 짰다(그 때는 그게 전술인지 몰랐음) 얼마쯤 그렇게 하는 동안 구세주 같은 트럭이 한 대 다가왔다. 태워 달라고 하자 운전수는 싸움판에 끼어들고 싶지 않아서인지 차를 세우지 않는다. 죽기 살기로 막아 세우고 여학생들을 하나씩 허리춤을 잡고 차에 태웠다. 내 평생에 치마 입은 여자의 속 깊은 엉덩이며 명주 같은 얇은 옷을 보기는 처음이었다. 긴박한 순간에도 가슴이 통통 뛰고 흥분에 얼굴이 빨개지는 것 같았다.

다행히 아무도 다친 사람 없이 모두 그 곳을 빠져 나와 시내로 들어오는 버스를 탔다. 하지만 그간에 여학생들 앞에서 으시대고 큰 소리를 쳐 온 것을 생각하니 촌놈들에게 고양이에게 쫓기는 쥐 신세가 되어 도망친 꼴이 부끄러워 분이 풀리지 않았다. 버스 안에서 큰 소리로 식식대자 운전기사가 "학생들 같은데 손님들이 있으니 조용히 하지." 한다. 그 말이 큰 문제가 되는 냥 운전기사를 노려보며 "당신은 운전이나 해" 하고 큰 소리로 쏘아붙여 버렸다.

그러자 주위에서 웅성 웅성거리기 시작했다. 그것이 또 못마땅하여 이번에는 승객을 상대로 "당신들도 조용히 하시오" 하자 버스 안은 쥐 죽은 듯 조용해 졌지만 악수는 악수를 낳는다고 그게 분을 더 돋우게 되어 분풀이하듯 이번에는 버스 유리창을 주먹으로 힘껏 치자 쨍그랑 하며 깨져 버렸다.

버스에서 내릴 쯤에 안내양이 차비를 달라고 한다. 그건 당연한 요구였지만 무슨 심통이 그리도 남아 있었는지 "우리 돈없어" 툭 한마디 것질러 버리자 안내양은 얼굴이 파래지며 더 이상 요구하지 않았지만 승객들의 눈총이 여간 차갑지 않다.

같이 간 여학생들은 창피함을 어쩌지 못하고 얼굴이 붉어진 채 창밖만 쳐다보고 있다. 얼마쯤 가서 내리려 하자 경찰들이 어떻게 알았는지 우리가 탄 버스를 둘러싸지 않은가. 이미 사태는 돌이킬 수가 없었다. 여학생들은 고개를 숙인 채 뒤도 돌아보지 않고 가버리고 남학생들은 경찰서로 끌려가 상당한 대가를 치르고야 나올 수 있었다.

그 날 이후 신문에 학생깡패 운운하며 기사가 났으니 엎친데 덮친 격이다. 우리가 잘못이 많기는 했지만 순간적으로 젊음을 이기지 못해 그리 했던 것인데 운동이나 하고 열심히 학교에 다니는 학생한테 깡패라니 학교에서마저 중징계할 방침이라 한다. 그 억울함(?)을 어디에 호소한단 말인가.

그 때 나는 형님이 경찰관이고 법원에 근무하는 형도 있을 때여서 친구들은 네 형이 학교에 가서 중징계만큼은 면하게 해 달라고 사정을 해보라 하지만 아버지는 어렵사리 학교를 보내 놓으니 하라는 공부는 안 하고 사고나 치고 다닌다고 집에도 얼씬 못하게 한다. 내 안타까운 심정을 친구들이 알 턱이 있겠는가.

여복은 타고나야 하는가? 모처럼 여자 친구하나 사귀어 볼 욕심에 친구를 따라 나섰다가 여자 친구는커녕 남자 친구마저 잃어 버렸다. 또 학교에서는 징계 맞고 집에서는 못된 놈으로 낙인 찍혀 쫓겨났으니 여자 좋아하다가 패가망신당한다는 옛 어른들의 말이 하나도 틀림이 없었다. 이제는 세상의 문화도 많이 바뀌어 여자들의 생각도 현대화 된 것 같은데 지난날 여자 때문에 얻은 불명예를 여자 사귀는 것으로 털어버리면 안 되려나.

밍크 옷 때문에

지하철은 약속시간 맞추기에 참 편리한 교통수단이다. 그뿐 아니라 때로는 지하 공간에서 미술전시회, 음악회 등 각종 창조적인 문화활동까지 관람할 수 있어 좋다. 무엇보다도 나는 길눈이 어두워 승용차로 시내를 나간다는 것이 커다란 모험 같기도 해서 지하철을 자주 이용한다.

자리에 앉게 되면 조금 느긋한 마음에 특유의 버릇이 발동하기 시작한다. 시야에 들어오는 사람들의 옷매무새나 관상을 살피며 직업을 맞추어 보고 나이가 얼마쯤 되었으니 무엇을 하고 살 것이라 나름대로 분석하고 평가한다. 그렇다고 내가 생각하는 대로 맞는다는 보장은 없지만 심심풀이로 한다. 차를 타고 가는 동안 지루하고 무료함을 달래기 위해서다.

얼굴에 '얼'자는 영혼을 말하고 '굴'은 통로라는 뜻을 의미한다고 한다. 그러고 보면 얼굴은 영혼의 통로가 되는 셈이니 사람마다의 삶이 그려져 있기 마련이다. 곧 마음의 표상으로 나타난다 할 수 있다. 그래서 링컨은 "나이 40이 되면 자기 얼굴에 책임을 지라 했다" 하지 않은가. 하긴 그들도 나를 보고 그런 생각들을 하고 있는지도 모른다. 지금 내 모습은 어떻게 보일까. 정신적으로나 육체적으로 여유롭다 할 수 없다.

그렇다고 크게 실패한 것도 없으니 평범한 삶이 그대로 나타나기를 바란다. 하지만 지난날 겉멋이 들어 비싼 것은 좋은 옷이라는 생각해서 경제적으로 부담이 되더라도 명품 상표가 붙은 옷만 입고 다닌 적도 있다. 지금은 평범하게 다닌다 해도 그때 잘 못된 버릇이 아직까지도 은연중에 나타나 눈총이나 받지 않을는지.

어느 날, 가족과 함께 지하철을 타고 친구 모임에 가면서 보았던 광경이다. 서민들에게는 아직 부담이 될 수밖에 없는 값비싼 밍크 옷을 입은 중년 여인과 고급스러워 보이는 신사복을 입은 남자가 전철 안으로 들어왔다. 주위를 몇 번 둘러보더니 빈자리가 없자 초등학생이 앉아 있는 앞에 자리를 비켜 달라는 듯 선다. 아이들이 일어서고 그 빈자리에 당연하다는 듯 덥썩 앉는다.

저 정도의 화려하고 값비싼 옷을 입는 사람이라면 큰 사업체의 회장쯤은 되어야 할 것 같다. 옷이 주는 위력 때문인지 나도 모르게 그들의 사회적 직위까지 옷에 끼워 맞춰본다. 기사를 어디 보내고 전철을 타야 했을까. 혹시 정부 고위 관리가 서민들의 생활상을 시찰 나온 것이라면 더욱 평범한 옷차림으로 나왔어야 하지 않은가. 여인의 하얀 손, 물들인 손톱이 유난히 붉다. 아기 눈망울만한 보석이 달린 반지를 이리저리 만지작거린다.

남자도 질세라 자기 무릎에 손을 펴놓고 반지를 굽어보고 있는 모습이 아무래도 어색해 보인다. 주위 사람들에 비해 튀는 남녀의 옷차림 때문에 평온했던 내 마음은 갖가지 억측을 자아내고 있다. 얼굴이며 몸에서 풍기는 느낌이 교양과 예의가 있어 보이지 않는 것도 꼬집어본다. 밍크 옷 입었다고 사치라고 매도할 수야 없다. 다만 어려웠던 시절의 기억이 내 꼿꼿한 자존심을 일으켜 세워 '사치의 늪은 천길 우물속 보다 빠져 나오기 힘들고 쾌락의 감각은 정신을 부순다.'는 구절이 떠올랐다.

씁쓰레한 마음에 들고 있던 신문으로 눈을 돌리니 '국가는 경제적으로 어렵고 온 국민이 허리띠를 졸라매는' 이라는 큰 타이틀이 들어온다. 조금은 철없어 보이는 그들에게 지금은 살기 어려운 사람들이 많으니 경제가 좋아지면 입고 다니라고 말하고 싶었지만 그것은 어디까지나 내 속 마음뿐이다. 저들은 생활고에 쫓기며 살아가는 사람들이 아직도 우리 사회에 많다는 것을 미처 깨닫지 못 할 수도 있다. 그러니 자기들만이라도 돋보이려 함보다는 어떤 특별한 날일 거라며 애써 마음 다스린다. '하지만 겉멋을 즐기는 사람은 보석으로 치장하지만 속멋을 지닌 사람은 가슴에 사랑을 품는다.'는 말이 자꾸 머리에 맴도는 것은 어쩔 수 없었다. 남 앞에 화려함을 통해 자기들의 존재를 과시하고 싶어하는 사람들을 나는 왜 예민하게 바라볼까.

전철 속의 부부 모습을 떨쳐버리지 못한 채 모임에 참석했다. 모두들 외투를 벗고 자리에 앉아 있다. 지하철에서 보았던 정경이 떠올라 그들의 사치스러움을 성토하듯 이야기했다. 평소에는 조금 과하다 싶은 농담도 별 문제가 되지 않았는데. 어찌된 일인가? 술잔이 여러 순배 돌아갔는데도 모두들 입을 다문 채 분위기가 영 풀리지 않는다. 회식이 끝나 밖으로 나와 서로 다음에 만날 것을 약속하고 인사를 나누었다. 그런데 몇 사람이 보이지 않아 두리번거리며 찾았다. 어느 새 그들은 지하철에서 보았던 여인과 똑같은 밍크 옷을 입고 저만치 가고 있는 것이 아닌가. 그때서야 내 실수를 알았지만 이미 엎어진 물 주워 담기였다.

모임에 다녀 온지 며칠 지나서다. 아내가 무슨 중요한 말이나 할 것처럼 망설이다가 입을 연다. 지난번 지하철에서 보았던 아주머니의 밍크 옷이 우아하고 품위 있어 보이더라는 것이다. 내가 그 옷 때문에 목청을 높였다는 것을 잊어버렸는지…. 자기도 한번 입어보고 싶다면서 "당신 생각은 어때요." 한다. 늘 후

즐그레한 옷을 다닐 때마다 다른 사람 눈도 있고 하니 부끄럽지 않는 옷을 사 입으라고 하면 "이 옷이 어때서요." 하던 아내다. 새삼스럽게 그런 말을 하는 것을 보면 반드시 옷이 좋아보여서 하는 말이 아닌 것 같다. 마음이 풍요로우면 모습도 아름다워진다고 아내와 늘 말해 오지 않았던가? 오늘 따라 왜 저럴까. 농담이겠지 하면서도 못내 씁쓰레한 생각이 든다. 아내의 얼굴을 아무 말 없이 쳐다보다가 내방으로 들어와 버렸다.

지난날을 곰곰이 생각해 보았다. 모든 것을 내 방식대로만 살아오면서 아내는 손자 재롱 보는 재미에 빠져 지내는 줄 알았다. 지금까지 옷에 대한 투정을 한 번도 하지 않아 그런 좋은 옷은 관심도 없는 줄 알았는데 속마음은 그게 아니다. 수십 년 같이 살아오면서도 아내의 속내도 하나 헤아리지 못한 내가 과연 누구를 평가하고 탓하랴.

요즈음은 돈만 있으면 젊게 할 수 있다. 온 몸을 그렇게 까지는 못 할지언정 더 늙기 전에 얼굴과 손도 가꾸고 입어보고 싶은 옷부터 마련해 주어 조금이나마 즐겁게 살았으면 싶다. 그러자면 나도 아내와 구색을 맞추어야 할 터인데 아무래도 주머니 사정이 허락을 하지 않으니 딱한 노릇이다.

남의 형편을 헤아리지도 않고 내 잣대로 부질없이 그 사람을 평가하고 회식 장소에서까지 목청 높였던 내 모습을 생각하니 쓴 웃음이 난다.

≪수필과비평≫ 2003. 7·8월

제4부 내 안에 두고 싶은 산

맞춤 부부의 사랑

내 안에 두고 싶은 산

우리 집 좌우명

나이와 자동차 크기는 비례할까

을왕리에서 씻던 가슴

작은 키의 영웅들

맞춤 부부의 사랑

봄, 여름이면 나무들은 푸른 잎들을 피우고 가을에는 단풍으로 물든 낙엽을 내려놓는다. 한 해의 끝자락에는 빈 몸으로 있다가 봄이 오면 또 새잎을 피운다. 인생도 계절의 순환 같다는 것을 누군들 모르랴만, 예전엔 무심히 살았던 내가 계절로 치면 가을쯤 된 지금에서야 삶을 되돌아보니 아쉬운 게 많다.

독일의 시인 아른트는 "사랑의 고뇌처럼 달콤한 것이 없고 사랑의 슬픔처럼 즐거운 것이 없으며 사랑의 괴로움처럼 기쁜 것이 없고 사랑의 죽음처럼 행복한 것이 없다."고 했는데 우리 부부는 그런 사랑의 애절함을 서로 느껴 보지 못한 채 결혼했다. 아내는 광주光州에서 직장에 다니고 있었고 나는 울산에서 군대생활을 하고 있을 때였다. 결혼 적령기를 놓친 나는 집안의 걱정거리였다.

어느 날 아버지로부터 갑자기 약혼하라는 연락이 왔다. 영문을 몰라 귀가해 보니 자형姊兄이 하루 동안에 여러 명의 아가씨들을 순차적으로 선을 보도록 주선해 놓았다. 다음날 근무지로 돌아가야 할 형편이어서 집에서 시키는 대로 했다. 허겁지겁 선을 보고오자 어머니가 어느 아가씨가 마음에 들더냐고 하신다. 짧은 시간에 여러 사람을 잠깐잠깐 만나 보아서 그 사람이 그 사람 같아 잘 모르겠다고 했다. 옆에서 지켜보던 자형이 "내가 정해 줄까." 하고 나선다.

별 생각 없이 그러라고 했다. 항해를 나갈 때 한 번 기도하고 싸움터에 나갈 때 두 번 기도하고 결혼 할 때는 세 번 기도 한 다음에 신중하게 결정해야 한다는데 나는 그걸 무시하고 집안 어른들 뜻에 따라 얼굴도 집안 내력도 모른 채 정해진 여자가 지금의 나의 아내다. 그때 만약 잘못 되었다면 어찌 되었을까. 아무리 곱어 생각해 보아도 황당한 일이다.

다음날 약혼하라는 말에 농담이려니 하면서도 확인하고 싶어 따라갔다. 그런데 뜻밖에 아가씨가 와 있지 않는가. 당황스러웠지만 그 때 정황으로 어찌 할 도리가 없었다. 약혼식 절차를 밟는 동안 말 한 마디도 제대로 건네 보지 못한 채 묵묵히 있다가 곧바로 근무지로 떠났다. 며칠 후 약혼 사진을 보고 내 옆에 있는 여자가 아내 될 사람이라고 생각하니 얼른 실감이 나지 않는다. 그 때 아가씨도 나 같은 생각이었을 것이다.

그 후에도 전화나 편지 한 장 보내지 않고 있다가 한 달여 만에 예식을 올렸다. 결혼 전에는 모든 것은 부모가 알아서 다 해주었기 때문에 한 여자와 남자가 만나 가정을 이룬다는 것이 얼마나 중요한 일인지를 깊이 생각해 보지 않았다.

인륜지 대사人倫之 大事를 치르고 나니 그 때서야 이 사람과 어떻게 살아야 될까 겁도 나고 얼떨떨하기만 했다. 더구나 집에서 정해준 대로 했으니 맞춤 부부다. 얼굴도 모르고 결혼식을 올렸던 옛날 할아버지 할머니들도 아닌 개방된 사회가 아니던가. 헌데 나는 아버지 말씀을 어명처럼 따랐으니 지금 생각하면 너무 융통성도 없고 꽉 막힌 사람이었다.

불교에서 옷깃만 스쳐도 전생의 인연이라 하는데 그도 전생에서 이미 부부로 정해져 있었을 것이다. 그러니 천생연분이라는 생각으로 살아야지 이제 와서 어떻게 하겠는가. 천천히 서로를 알아가는 신혼 시절을 보냈다.

결혼하고 부대로 복귀하려니 친구들이 뒤풀이를 해준다며 음식점을 잡아 놓고 기다리고 있었다. 술판이 거나하게 돌아가자 술은 모두 나에게만 집중되었다. 얼마를 마셨는지 술좌석이 어떻게 끝마무리가 되었는지 기억이 없다. 아내가 기다리고 있는 호텔로 가서 겨우겨우 방을 찾아 갔다.

그런데 이게 어찌된 일인가. 한사코 아내가 나를 밖으로 밀어내지 않은가. 엊그제 결혼한 여자가 내가 술을 좀 먹었다고 나를 들어오지 못하게 하다니 어르고 달래도 소용이 없다. 참다 못해 화를 벌컥 내고 소란을 피우자 친구들이 이 방 저 방에서 몰려나와 무슨 일이냐고 한다. 아내가 나더러 모르는 남자라며 방에 못 들어오게 해서 화가 났다고 하자 친구들이 박장대소拍掌大笑하는 것이었다. 술에 취해 정신이 가물가물한 속에 도대체 어떻게 된 것인지 알 수가 없었다. 나중에 안 일이지만 친구 부인을 내 아내로 분장을 시켜 놓고 장난을 했던 것이다. 지금도 친구들이 모이면 남의 아내를 범하려고 했던 놈이라고 놀려대며 웃는다.

군대 생활이란 한곳에 오랫동안 근무할 수 가 없다. 전속이 될 때마다 아내 혼자 아이들 전학시키고 이사하느라 고생이 많았다. 정년퇴임 후에야 비로소 한곳에 정착했다. 몇 년 전부터 아내 건강이 나빠지더니 요즈음은 매주 성당에 가는 것도 힘들어한다. 그래도 빠지지 않고 가는 것을 보면 신통하다. 또 손자들을 기를 쓰고 돌보고 있다. 너무 무심하다고 할까봐 어쩌다 "힘들지요,"하고 물으면 "내가 하는 일이 있나요. 손자 보는 재미가 얼마나 좋은데요." 한다.

자식들이 그런대로 살면서 마음 상하게 하지 않고 명절 때나 집안의 대소사에 찾아오고 가끔 용돈도 주는 것을 무척 흐뭇해 하는 눈치다. 어느 날 아들들이 매번 주던 용돈을 구깃구깃 모아 두었다가 툭 내 놓으며 어디 기억에 남고 보람되게 쓰자 했다. 여러 날 자식들과 의논 끝에 아무래도 제 어미가 건강이 더 나빠지면 여행이 힘들 것 같으니 이번 기회에 어머님 모시고 다녀왔으면 좋겠다고 해서 그 돈에다가 조금 더 보태 큰아들과 며느리, 둘째 아들 그리고 우리 내외가 지난 추석 때 3박4일 중국 여행을 다녀왔다.

친구들이 농담으로 다시 태어나면 지금의 아내와 결혼 하겠느냐고 묻는다. 아내도 나 같은 질문을 받으면 어떻게 대답할까 궁금하다. 아마 먼 훗날을 다시 만나 잘 살기보다는 현 세상에서 오래오래 살자고 말할 것이다. 그동안 고생을 많이 시켜 고운정보다 미운정이 더 많을 터인데 말 안하는 것을 보면 이제 와서 탓 한들 아무 소용이 없다는 것을 잘 알고 있기 때문이리라.

세월이 나의 감정보다 먼저 가버렸다. 요즈음에 와서는 가끔 인생이란 무얼까 되돌아 볼 때가 있다. 철학적인 무슨 의미를 두고 하는 것이 아니다. 오랜 동안 병마에 시달리다 건강을 되찾았고 이제는 그런대로 안정된 생활을 하고 있으니 좀 더 여유 있게 누려보고 싶은 마음에서다.

노력하며 사는 것이 우리의 삶이듯 노을이 아름다운 것은 태양이 하루의 소임을 다하고 아기의 붉은 볼 같이 곱게 순명純命함 때문이요. 인생이 늙어 이승을 떠날 때 미련을 떨쳐버릴 수 있는 것은 후손을 위해 맑은 흔적을 남겨 두었기 때문이 아니겠는가.

사람들이 나이 들면 자연과 친해지고 싶다고 한다. 나 또한 아내와 함께 계절이 주는 멋을 찾아 산과 물이 좋은 곳에 다녀 보고 싶다. 하지만 글 쓴다고 여기저기 쫓아다니다 보니 아내와 더불어 여유 있게 보내는 것이 생각만큼 쉽지가 않다. 그래서 늘 미안할 뿐이다. 이제부터라도 마음 닿는 곳에 가서 산 개울에 노니는 가재도 잡고, 물밑에 동녀의 속살처럼 고운 모래도 퍼 올리며 여생을 땀땀이 금수錦繡를 놓듯 살리라 생각해 보니 고재종의 시가 떠오른다.

> 저사람 아직도 저기 있네 / 감나무 그늘아래
> 평상을 펴놓고 / 저 무량한 햇살에
> 감나무 잎새 헤아리네.
> 　중략
> 텃밭에 참깨씨 마저 놓는 일 / 잠시 밀쳐두면 어떤가.
> 사람이 잠시 게으르면 / 감꽃 뚝뚝 지는 시간도 보고
> 사람이 스스로 가난하면 / 소나기 후두둑 듣는 시간도 있네.
> －큰 잠

앞으로 봄이 와서 꽃이 피기를 바라기보다 내안의 추억의 봄을 가꾸며 살리라.

내 안에 두고 싶은 산

사람들은 일상의 그물에서 벗어나고 싶어 산에 오르는가 보다. 도전은 그것에 대한 시작이다. 대학 다닐 때 초록의 산 빛에 끌려 친구와 함께 지리산 등산을 갔다.

지리산 노고단에 도착하자 숲이 주는 신선함 때문인지 가슴이 확 트이는 것 같고 상쾌했다. 그도 잠시 지난날 6·25 전쟁 때 빨치산들이 민족 해방을 외치며 저항했던 어둡고 음침한 토굴들이 이곳저곳에 산재해 있는 것을 보니 시원한 산바람과는 달리 싸한 느낌이 오돌토돌한 살비늘을 일으킨다.

천왕봉까지는 첩첩산중인데 등산로 따라 함께 오른 사람들은 행선지가 달라 뿔뿔이 헤어졌다. 우리만 남게 되자 당황스러웠지만 여기까지 와서 포기할 수도 없어 계속 오르기로 했다. 얼마쯤 갔을까 해가 기우는가 싶더니 순식간에 한 걸음도 가늠하기 힘들만큼 어두워졌다. 그렇게 포근하고 아름답던 산이 갑자기 무섭고 한기가 오싹하게 느껴졌다. 나무들은 유령처럼 서있고 깊은 계곡은 헤아릴 수 없는 어둠에 잠겨 있다.

산속에 갇힌 우리는 팽팽한 긴장감과 고립무원 섬에 놓인 듯한 고독감이 엄습해왔다. 별빛조차 보이지 않는 산길, 기온이 갑자기 뚝 떨어져 이대로 있다가는 얼어 죽을 것 같은 무서움증이 온 몸을 조여 온다. 어서 이 어둠의 긴 터널을 벗어나 능선 아래 어딘가 있을 민가를 찾아야 했다. 한 발짝도 가늠하기 힘든 숲길을 헤치며 앞으로 나아 가다가 나뭇가지에 찍히고 미끄러지며 생긴 상처도 잊은 채 정신없이 헤맨 끝에 먼발치로 민가의 불빛이 희미하게 보였다.

그 때서야 '이제는 살았구나.' 하는 안도와 함께 마음은 날아갈 듯 가벼웠다. 하지만 몸이 제대로 움직여 주지 않는다. 천신만고 끝에 겨우 찾아간 곳은 산비탈을 일구며 살아가는 화전민 집이다. 달랑 집 한 채에 50대 초반 부부와 성년인 아들과 딸이 방 하나에서 살고 있다. 부스스한 머리에 얼굴은 검게 타고 피부는 거칠었지만 건강하고 순박하게 보인다.

길을 잃게 된 연유를 설명하고 하루 밤 재워주기를 청했다. 방이 없다고 하면서 난감해 한다. 아무 곳이나 좋으니 쉬어 가게만 해달라고 했더니 두엄을 쌓아 둔 움막을 가리키며 이슬이라도 피할 수 있는 곳은 그곳뿐이라 한다. 깊은 산골, 품속으로 파고드는 추위가 뼈 속까지 얼게 하는 밤, 아무 곳이나 은신처를 찾아야 할 처지라 그 곳도 감사했다.

탱탱하게 얼어붙은 하늘에는 초롱초롱한 별들이며 은하수가 쏟아져 내릴 것 만 같다. 어둠 속의 희미한 산들은 까만 망사로 가린 아라비아 여인의 얼굴처럼 보일 듯 말듯 숨겨져 있고 계곡은 밤안개가 먹으로 그린 동양화처럼 번지면서 지상地上의 빈 공간을 여백으로 남겨 놓기도 한다. 순간 도道의 득음得音은 자연에서 찾을 수 있겠다는 생각이 들었다. 가끔씩 싸한 바람에 나뭇가지며 작은 풀들이 흔들리는 소리, 졸졸졸 흐르는 물소리, 가끔씩 스쳐가는 바람소리가 경음악처럼 들려올 뿐 적막강산寂寞江山이다.

움막 안에 쌓아둔 마른 풀을 깔고 자리를 정리했더니 그런대로 하룻밤 정도는 지낼 만하다. 그때서야 와락 배가 고팠다. 배낭을 열어보니 건빵 몇 봉지가 전부다. 얼음처럼 차가운 계곡물을 떠다가 목을 축여가며 먹고 나자 온몸이 나른하여 정신없이 잠에 빠졌다. 해가 중천에 떴을 때 깨어보니 여기저기 인분이 널려 있고 우리가 깔고 잤던 마른 풀이 용변을 보고 뒤처리하려고 쌓아둔 잡풀들이다. 그 때서야 두엄 썩은 냄새가 확 풍겨왔고 구토가 일듯 했다. 인간이란 환경에 적응도, 순응도 할 수 있다는 것을 새삼 확인하는 순간이다. 푹 자고난 탓인지 몸은 가벼웠다.

집 주인이 천왕봉 가는 길을 알려 주었지만 확신이 서지 않는다. 그렇지만 인생은 살아가는 것이 모두가 시도요 젊다는 것은 곧 용기가 있기 때문이 아니겠는가. 그러니 가는데 까지 가보기로 했다. 막상 다시 출발하려니 어제 고생했던 일이 생생하게 떠오르고 오르면 오를수록 점점 더 춥고 산길도 험할 터인데 하는 걱정이 앞섰다. 하지만 도전을 멈출 수는 없었다.

식량을 구입하고 싶다고 했더니 감자를 쪄서 배낭에 듬뿍 넣어주며 그냥 가져가라고 한다. 어렵게 지내면서도 남을 배려할 줄 아는 산사람, 저들의 삶이 더없이 맑고 순수하게 느껴졌다.

하늘도 잘 보이지 않고 사람이 다닌 흔적도 찾기 힘든 숲길, 길을 찾아야 한다는 긴장 때문에 차가운 기온에도 등과 이마에는 땀방울이 송골송골 맺히고 다리가 휘청거렸다. 몸은 가늠하기 힘들었지만 죽기 아니면 살기라는 각오로 정상을 향해 수차례 시행착오를 겪으면서도 오르고 또 올랐다. 천왕봉에 오르려면 필연코 통과해야 한다는 통천문通天門, 바로 그 문 앞에 도착하자 야호, 소리가 저절로 터져 나왔다.

한도 끝도 없는 구름바다에 몸을 띄워 놓은 채 머리만 살짝 내밀고 있는 천왕봉. 신비한 몸을 인간에게 쉽게 보여 줄 수 없다는 듯 마지막 정상만은 좀처럼 허락하지 않는다. 하기야 산중의 왕 천왕봉인데 어찌 대면이 만만하겠는가. 신하가 왕의 용안龍顔을 한번 배알拜謁하려면 그에 따른 절차를 밟아야 하듯 바위

틈사이로 겨우 한 사람씩 그 의례를 거치며 올랐다.

아, 하늘과 땅이 닿을 듯이 탁 트인 운편선雲平線, 그 위에 머리만 내놓고 있는 정상! 볼수록 가슴 저리는 전율과 황홀, 그 이상 무슨 표현이 필요하랴. 겹겹이 포개진 산맥은 물처럼 흘러가는데 주위의 산봉우리들은 돌고래가 숨 쉬듯 고개를 내 밀다가 구름 속으로 숨기를 반복한다. 멀리 굽어보이는 능선에서 나무들의 푸른 함성이 산울림을 토하듯 한다. 그간에 산에 오르면서 죽도록 고생한 것은 언제 그러 했느냐는 듯 산의 꼭짓점에 서니 내가 산을 다스리는 제왕인 것처럼 어깨가 으쓱해진다. 가장 높은 바위에 앉아 발아래 산들을 굽어보고 있자 천하를 다스리는 산중의 왕인 천왕봉도 별수 없이 내 엉덩이를 받치고 있다는 묘한 심리가 발동하기도 한다. 그도 잠시 차가운 바람은 용의 발톱처럼 날카롭게 온 몸을 파고든다.

정상 바로 밑에 작은 움막을 지어놓고 사는 오십대 중반의 남자가 이 추운 날씨에 어느 불청객이 찾아 왔나 하는 얼굴로 우리를 맞는다. 새까만 얼굴에 긴 턱수염이 인상적이다. 아직도 간간이 눈발이 날리는데 반소매 차림으로 어떻게 올라왔느냐며 어이없어 한다. 그 눈빛이 유난히 형형하다. 일기 예보는 퍽 좋은 날씨라는데 천황봉은 시도 때도 없이 눈안개가 앞을 가린다. 깨달은 사람은 자신을 낮추 듯 산에 사는 천 꼴 만 가지 나무들은 자연 순응의 참뜻을 알고 있는 것일까. 천왕봉을 향해 연신 몸을 흔들며 하나같이 낮게 엎드려 예의를 표하는 것 같고,

저~먼 산허리 쯤 초록의 물결 사이사이로 계곡의 물소리도 가물가물 들리는 듯하다.

많은 사람들이 한번은 꼭 오르고 싶어 하는 천왕봉! 환희와 감격도 잠시 내려 갈 생각을 하니 걱정이 앞선다. 능선과 계곡을 수없이 넘나들며 고통 속에 흘린 땀방울이 도전의 즐거움이고 산을 통해 자연과 함께 숨 쉬는 것이 기쁨이라 생각하니 한결 가슴이 뿌듯하다. 한편 산에 높이 오르면 오를수록 내려갈 때 그에 못지않은 힘이 든다는 삶의 참 뜻도 얻을 수 있었다.

우리 집 좌우명

친구는 평소 직장 일에 열심이다. 또 경조사나 남의 힘든 일 돕는 것에도 적극적이다. 점심시간이나 휴일을 이용해 거동이 불편한 노인에게 도시락도 배달하고 청소도 해 주곤 한다. 그도 한때이려니 했는데 그 것을 일생의 목표로 삼고 있다니 참으로 놀라웠다. 옆에서 그의 선행을 수 없이 보면서도 그것은 나와는 상관없는 일이라고 생각해 왔다.

어느 날이다. 그는 내게 불쑥 삶의 목표를 어디에 두고 사느냐고 묻는다. 갑작스런 질문이기에 무어라 대답도 못한 채 그저 눈만 멀뚱거리고 있을 수밖에 없었다. 차분한 마음으로 돌이켜

보니 하루하루 소일거리를 찾기에 정신이 팔렸고, 지천명 나이가 되도록 삶의 의미도 생각해 보지 않고 그냥 일상에 밀리고 쫓기며 세월만 보냈다.

그간에 보아오던 친구의 선한 모습이 떠올라 나도 무언가 남에게 필요한 사람이 되었으면 좋겠다는 생각이 들었다. 여러 날 지난 뒤에 그 친구를 만나 내 뜻을 말했더니 바로 그것을 좌우명으로 삼으라 한다. 며칠 지나 '필요한 사람이 되자'라고 쓴 글씨를 액자에 넣어 가져왔다. 관심있게 주위를 둘러보면 도움을 필요로 하는 사람들이 많이 있을 것이라는 말도 덧붙인다.

액자를 받고 보니 나에게 새로운 삶의 눈을 뜨게 하는 것 같고 중학교와 고등학교 다니는 아이들에게도 좋은 지침이 될 것 같았다. 먼저 아이들에게 하루하루 무슨 생각을 하고 보내며 장래에 어떤 사람이 되고 싶으냐고 물었다. 아무런 대답이 없다. 얘들아, 그저 불꽃이 좋아 밝음만 쫓아 목숨을 버리는 불나방같이 목표가 없이 사는 것은 선장도 없이 항해하는 배와 같은 것이다.

이 지구상에는 존재 가치 있는 것만 존재한단다. 우리 인간도 자기의 존재를 확인하고 목표를 세우고 그 것을 이루기 위해 노력하는 것이 삶인가 한다. 이제부터 나는 '필요한 사람이 되자'를 나의 좌우명으로 정하였으니, 이를 우리 집 좌우명으로 했으면 어떠냐고 했더니 모두 찬동한다. 이제부터 우리 가족 모두가 손이 닿는 이웃, 친구들과 함께 웃고 아파하며 손잡아주고 따스한 체온을 나누는 사랑의 실천에 보다 힘써주기를 바랬다. 우리 집 좌우명을 갖게 되니 가족 모두가 한 마음이 되어 집안에 무슨 큰 계기를 마련한 것 같아 가슴이 뿌듯했다. 하지만 이 일을 꾸준히 해야 한다는 부담도 있었다. 그래도 실천한 것만큼 보람을 느낄 것이라 생각하니 용기가 생겼다.

좌우명이라는 말의 뜻은 알고 있었지만 그에 의미를 정확히 확인하고 싶어 사전을 찾아보았다. "늘 가까이 적어두고 일상의 경계로 삼는 말이나 글"이라 되어 있다. 또 고사故事에 이런 말도 있다. 제齊나라 환공桓公이 갖고 있는 술병들 중에 하나가 반쯤 찰 때까지 바로 서 있다가 병목까지 채우면 이상하게 엎어지더라는 것이다. 모든 것이 가득 차고 넘치면 모자람만 못하다는 것을 깨닫고 술병을 오른쪽에 두고 진리를 간결하고 날카롭게 나타 낼 수 있게 하는 데서 유래가 되었다고 한다. 달도 만월이 되면 기울 듯 공부도 다 했다고 생각하는 사람은 교만해지기 쉽고 재산도 많이 갖고 있으면 자신을 잃게 된다는 것을 일깨워 주고자 함이라 했다.

가족들의 뜻을 모아 정한 좌우명이라 나부터 달라진 모습을 보여 주고 싶었지만 마음 같지 않았다. 그러던 어느 날, 지하철 안에서 장애인이 휠체어를 이리저리 밀고 다니며 껌과 볼펜들을 팔고 있다. 더 이상 살 사람이 없었던지 전철이 멈추자 곧바로 내리려고 하지만 전철과 승강장 사이에 휠체어 바퀴가 끼어 움직일 수가 없어 허둥대고 있다.

그사이 열렸던 문이 닫혀 몸이 반쯤 끼자 사람들이 "어허! 저걸 어쩌나." 하며 발만 동동 구를 뿐 선뜻 나서는 사람이 없다. 나는 양복에 코트까지 입고 있어서 돕기가 쉽지 않았지만 반사적으로 뛰어가 문을 힘껏 밀치고 휠체어와 함께 그를 불끈 들어 밖에다 내려놓고 다시 탔다. 자리에 돌아오자 나에게 그런 힘이 어디서 나왔을까, 나도 모르게 몸 안에 꼭꼭 숨어 있다가 갑자기 나타나는 것 같았다. 다시 생각해 보아도 평소에 느낄 수 없는 대단한 힘이다.

종종걸음으로 주요 행사에 참석했을 때 옆 사람이 와이셔츠에 오물이 묻어 있다고 알려 준다. 살펴보니 그것은 장애인을 전철에서 옮기면서 얼굴과 코에서 나온 분비물이 묻은 것이다. 당황스러웠지만 알 수 없는 웃음이 나오며 가슴에 무언가 채워진 것 같았다.

또 한번은 한 겨울 싸락눈이 그치자 땅이 꽁꽁 얼어 몹시 미끄러웠다. 구름다리에서 걸음이 불편하여 바닥에 쪼그리고 앉아 있는 할머니가 있었다. 일으켜 세워 어깨를 붙들고 계단을 몇 발 짝 내려오는데 할머니가 그만 계단 얼음판에 중심을 잃고 앞으로 넘어지려 하신다. 순간적으로 할머니를 붙들다가 난간에 내 무릎을 부딪쳐 핏발이 서릴 만큼 멍이 들었다.

집에 와서 아이들에게 무릎 다친 이유와 지난날 전철에서 있었던 일을 들려주었다. 그러자 아이들도 학교에서 실시하는 자연보호 행사에 참여해 쓰레기도 치우고 성당에서 소년소녀 가장 돕기 모금을 한다기에 수시로 저금통에 넣어둔 돈을 꺼내어 주기도 했다며 저마다 느낀 것들을 이야기 했다.

우리 가족이 앞으로도 '이 순간' 어떻게 해야 '참 사랑을 느끼며 사는 삶' 인지 되새겨보며 살았으면 한다. 또 틈틈이 기도할 때 자신에게 복을 달라는 기복祈福 보다는 남을 통해서 복을 만들어가는 작복作福의 마음이었으면 좋을 터인데…. 우리는 작지만 서로 같은 생각을 하고 있다는 것만으로도 흐뭇했다.

작은 사랑을 베풀면서 자신을 되돌아보는 계기가 된다면 도움을 받는 쪽은 그들이 아니라 자신이라는 생각이 앞선다. 좌우명을 '필요한 사람이 되자'로 정한 후부터는 어려운 이웃을 보고 그냥 지나치려면 마음에 갈등을 느낀다. 이럴 때 나는 나의, 아니 우리 집 좌우명을 되새기곤 한다. 이 좌우명이 훗날에는 '쓸모 있는 사람이 되자'로 바뀌면서 우리 집 가훈으로 이어졌으면 한다.

나이와 자동차 크기는 비례할까

차를 운전할 때마다 네덜란드 사람을 생각한다. 최초의 자동차는 16세기경 네덜란드에서 만들어졌기 때문이다. 그 때는 돛을 사용했다는 바퀴 두 개인 자동차가 떠오른다. 세월 따라 화약에 의한 자동차, 증기 자동차, 내연자동차 순으로 발전 해오다가 1850년경에 독일에서 현대 자동차의 모델을 갖추게 되었다. 1900년대에 미국에서 대량 생산에 성공한 것이 오늘에 이르렀다. 우리나라에 들어온 시기는 1900년에 고종황제가 탄 4륜 자동차로 알려져 있다.

어릴 때만 해도 어쩌다 마을에 차가 들어오면, 차를 만져보며 신기해하고 즐거워했다. 60년 대 쯤엔 우리나라 차량 대수가 3만대에 불과 했으니 차있는 집은 부러움의 대상이었고 부자의 상징이기도 했다. 요즈음 거리에 나서면 사람보다 차가 많다는 느낌을 받는다. 차가 곧 필수품이 되어 집 없이는 살 수 있어도 차 없이는 못살겠다 말이 나올 정도가 되었다. 2009년이면 2000만대를 돌파 할 것이라 하니 차의 홍수 속에 묻혀 살 것만 같다. 더구나 대형차를 선호하는 추세니 도로의 수용능력을 고려하면 그도 걱정이 아닐 수 없다.

내가 직장 생활할 때 타던 승용차가 몇 해 되긴 했지만 손볼 만한 곳이 없을 정도로 기능도 좋고 깨끗했다. 애지중지 아꼈던 차지만 퇴임하고 나서 큰 차가 필요 없을 것 같아 사업하는 친구에게 업무용으로 쓰라고 주어버리고 소형차를 타고 다녔다. 그것도 아들이 2년여 타다가 결혼하면서 두고 간 것이다. 내 소유가 된지도 벌써 여러 해가 되었으니 수명으로 보면 노년기에 들어선 셈이다. 가끔 힘겨워 할 때, 정비소에 가면 곧장 해결이 되었다.

그래서 나만 좋으면 괜찮을 줄 알았는데 예기치 않은 문제가 생겼다. 가까이 지내는 사람들이 만날 때마다 남의 눈도 있는데 나이에 걸맞게 차를 타고 다니라고 야단들이다. 아내도 무슨 바람이 불었는지 전 같지 않게 다시 큰 차로 바꾸자고 했다. 내가 작고 낡은 차를 타고 다니면 친구들 보기에도 민망할 터인데 왜 그러느냐며 자기 체면도 말이 아니라는 것이다. 그러고 보니 나를 위해서가 아니라 자기 얼굴 마담으로 구입하자는 말 아닌가.

남 앞에 체면 세울 일도 없고 목에 힘줄 세우고 다닐 세월도 지난 은퇴자에게 승용차의 크기가 걸림돌이 될 줄은 몰랐다. 골프도 그만두어 태권도협회나, 신문사에 나가고 글방에서 문우들과 어울리는 것이 전부 인데 이제 와서 큰 차를 타고 다니라니….

나의 행동반경으로 보면 현재 타고 다니는 차로 어디든 불편 없이 갈 수 있다. 병약한 아이가 부모의 마음을 안타깝게 하면서도 사랑을 더 받듯 비록 오래 되긴 했지만 그간에 수시로 고치고 닦아주면서 정도 들었다.

작아서 골목길도 마음대로 다닐 수 있고 혼잡한 도로 사정에도 안성맞춤이고 연료비, 세금 등 혜택도 많아서 좋았다. 외부에 흠이 조금 생겨도 신경 쓸 것 없고 어디 세워 놓아도 넘보는 자가 없어 마음이 편했다. 운영비가 비교적 적게 든 것도 쏠쏠한 재미였다.

큰 차가 필요하다고 느낄 때가 없는 것은 아니다. 상대의 체면이 문제가 될 때다. 결혼식 주례나 나와 같이 근무했던 사람으로부터 초청을 받아 갈 때, 특히 골프장이나 호텔 같은 곳에서는 좋은 차를 타고 가야 대접을 받는다. 소형차를 운전하는 사람들은 주눅이 들어 피해의식을 느낄 때가 종종 있다.

옛날에 내가 살았다면, 신분에 맞는 가마를 타고 다녔을 것 같다. 내 벼슬 직위가 달라질 때마다 당연히 등급에 따라 다른 가마를 탔을 것이다. 신분에 걸맞도록 타게 하는 교여지제轎輿之制가 시행되었던 시대였기 때문이다.

왕은 여러 사람이 매는 연輦이라는 가마를 타고, 공주는 덩德應, 종1품 당상관은 평교자平轎子, 종2품은 초헌軺軒, 혼인 때에는 사인교四人轎, 초상 때에는 삿갓가마草轎등 격에 맞는 가마를 타고 다녔으니 말이다. 그 외에도 용도에 따라 사용 할 수 있는 수 십 종류의 가마가 있었으니 지금 차량의 다양함에 비길만 했다.

서양에서도 그 품격에 맞는 마차를 타고 다녔으니 탈 것을 통한 신분 상승에 대한 기대 심리는 동서를 막론하며 어제 오늘의 이야기는 아니다. 큰 차에 대한 주위의 권유를 저버리는 것도 예의가 아닐는지 모른다. 하지만 큰 차의 필요성이 절실하지 않아 이런 저런 핑계로 아내의 청을 거절하는 대화를 옆에서 얼핏 듣던 아들이 "차를 사드리겠습니다"한다. 그만한 돈도 없을 터이고 그렇게 큰 차를 탈 이유도 없어 그만 두라고 했다.

굳이 큰 차를 타야 할 경우라면 소속된 단체에서 행사가 있는 날 차를 보내주니 그럴 필요가 없었다. 그런데 어미의 충동이 있었을까? 자기의 적금을 해약하고 어미의 비상금을 털어 느닷없이 격에 맞지도 않고 별로 필요하지도 않은 큰 차를 들여 놓았다. 기왕에 구입해버렸으니, 고맙고 미안한 마음과 즐거운 마음을 얼버무려 타고 다녔다. 그러나 그런 기분은 그리 오래 가지 않았다. 경비는 예상했던 것이지만 다른 차들이 옆으로 끼어들면 행여 부딪칠까 봐 자주 차선을 내어주게 된다.

그 때마다 운전을 숙달 시켜 놓지 않은 것이 후회스러웠다. 차를 제 위치에 세워놓아도 요즈음 톡톡 튀는 청소년들이 괜히 투정을 부리 듯 흠집이라도 낼까 걱정이 되었다. 사람들이 더러 분수에 넘치는 차를 타고 다니거나 화려한 옷을 입었을 때면 흉을 보곤 했는데 내가 바로 그 대상이 된 것 같았다.

'청빈淸貧은 상락常樂하고 탁부濁富는 다우多憂한다' 가난하더라도 깨끗하게 살면 항시 즐겁지만 떳떳하지 않게 부자가 되면 근심이 많다는 뜻이다. 또 잠시라도 욕심을 내지 않으면 그것이 바로 신선의 경지라고 말한다.

수도하는 사람들은 물질을 초월한 정신세계를 추구하며 청빈하게 사는데 보람을 느낄 것이다. 청빈이나 수도하는 사람을 논할 자격도 없지만 큰 차를 타고 거들먹거리는 것보다는 작은 차 타고 부지런히 다녔으면 좋았으련만 시대 풍조를 따르려 했으니 걱정을 사서 한 꼴이 되었다.

어버이 생각해서 자동차를 구입해준 아들에게 '효도' 했다고 해야 하나, 불편을 주었으니 '불효'라고 해야 하나….

을왕리에서 씻던 가슴

세월이 오는 듯 가버림을 실감하는 12월 끝자락이다. 내 생애의 또 한 해가 소리 없이 역사 속에 묻힌다. 달력에는 날마다 챙겨야 했던 일들이 빼곰이 적혀 있었지만 그 흔적들은 어디에도 찾을 수가 없다. 그래도 예년에는 연말이 지나감을 아쉬워했는데 금년에는 그런 기분이 아니다. 지난해 삶의 편린들이 떠오르면서 어디든 다녀와야 이 답답한 마음이 가라앉을 것만 같았다.

마침 친구가 바닷가를 걷고 싶다기에 따라 나섰다. 서둘러 영등포 역 앞에 나가 을왕리 행 버스를 탔다. 서울을 벗어나 차가 얼마쯤 달리는데 아무래도 미심쩍어 운전기사에게 을왕리 해수욕장 가느냐고 물었다. 을왕리는 가지만 해수욕장 쪽으로는 가지 않는다며 해수욕장으로 가는 버스와 연결해 주겠다고 한다. 고맙다는 인사치레로 오늘 기사아저씨는 좋은 일 했으니 나중에 천당에 갈 것이라 농담을 했다.

그러자 "지금 사는 곳이 지옥이요, 죽으면 바로 그곳이 천당인데 누군들 못 가겠느냐."한다. 얼마 전만 해도 개똥밭에 굴러도 이승이 좋다는 말을 들었는데 언제부터 천당과 지옥이 바뀌었을까. 차안의 승객들도 무거운 침묵 속에 기사를 쳐다보는 눈빛이 그 말에 동의하는 듯 했다.

그 순간 공자의 말이 잠깐 머리를 스쳤다. 그의 시경 편詩經編에 보면 "나라가 바르면 천심天心이 순해지고 관청이 청백淸白하면 백성은 저절로 편안해 진다."고 했다. 금년에는 사건 사고들이 참으로 많은 한 해다. 국외로는 이라크를 비롯해서 곳곳에서 크고 작은 전쟁이 터지고, 테러가 만연하고, 해일로 수십만 명의 목숨을 앗아갔다.

또 한반도에서는 북한의 핵문제로 긴장이 계속 되고, 국내에서도 사람의 목숨을 미물처럼 함부로 죽이는 사건들, 회사 구조조정으로 가정에 들 수도 없어 길거리를 해매는 노숙자들을 보면 참으로 서글픈 생각이 든다.

누구나 자신을 되돌아보며 살아야 하는데 그렇지 않을 때는 마음이 갈수록 황폐해진다. 역대 대통령을 비롯하여 위정자들은 사리사욕에 눈이 어두워 국민이 행복하게 살 권리를 외면했으면서도 반성이나 참회도 없었다.

이것이 관행처럼 되어 오늘날까지 계속되고 있으니 가는 곳마다 터지는 한숨들, 안타까움, 서민들의 주름살만 깊어지는 한 해다. 그래도 고통스러움을 느낄 수 있다는 것은 살아 있다는 증거이니 그도 감사해야 할는지. 기사의 천당과 지옥의 이야기가 을왕리에 도착할 때까지 머릿속에 맴돌며 지워지지 않는다.

해수욕장 주변은 앞에는 툭 터진 바다와 뒤로는 야트막한 동산, 지난날 유순한 아낙과 노인들이 김매고 고기 잡고 사는 조용하고 평화로운 어촌이었다. 그러나 돈만 있으면 우주의 별도 산다고 하는 세상에 이곳인들 옛 모습 그대로 놓아두기를 바라겠는가. 지금은 해안선을 따라 횟집이며 위락시설들이 즐비하게 들어 서 있는데 여름의 성수기를 지나서인지 한산하다.

갯가에서서 끝 간 데 없이 펼쳐진 수평선을 물끄러미 바라보고 있으려니 바다에서 불어오는 찬 공기가 온몸을 싸하게 감돌고 뱃속까지 차갑게 파고들지만 가시만 남은 가슴에 바다의 푸른 물빛 한 올도 깃들지 않는다. 아무런 생각도 미련도 없는 사람처럼 모래톱을 얼마쯤 걸었을까, 바닷물이 구두 속으로 스며들어 발끝이 시리다. 발밑을 내려다보니 사르르 밀려 왔다 밀려가는 맑은 물에 속살을 인간에게 다 내어준 아기 주먹만 한 조개껍데기가 하얗게 출렁이고 있다.

그것을 주어 들고 귓가에 대자 철~썩 철얼~썩 파도소리가 들리는 듯 하다. 먼발치에서도 몇몇 사람들이 너울대는 수평선을 바라보며 '그래도 내년에는' 금년보다는 나아지기를 비는지 두 손을 가슴에 모아 무어라 중얼거리는 것 같다. 또 가끔 아~아 하고 큰 소리로 고함을 지르고 있다. 답답한 가슴을 조금이나마 털어버리고 싶어서 저러는 것일까. 나 또한 그들처럼 바닷바람을 한껏 들이켜 보았지만 가슴에 응어리가 쉽게 풀리지 않는다.

굽이치는 파도 위를 갈매기가 부리를 수평으로 깔고 바람 타고 하늘로 치솟았다가 내려오고 다시 오른다. 그 때마다 "까르륵 까르륵" 대는 소리가 자연의 소중함을 외치는 것 같기도 하고 인간의 허망을 비웃는 것 같기도 하다. 푸른 물결이 출렁이는데 사람들이 갯바위에 듬성듬성 서서 긴 낚싯줄을 바닷물 속으로 수없이 던졌다가 앞으로 끌어당기고 있다.

무념無念의 낚시 줄에 물고기는 잡지 않고 무상無想만 건져 올리고 있는 것인지 연신 같은 동작을 반복하고 있다. 고기를 잡기보다는 마음에 쌓인 시름을 낚싯줄에 매달아 멀리 던져 버리고 그 무엇인가 소망을 끌어당기고 있는지도 모른다. 신선처럼 하는 낚시는 포획이 아니라 득도요 깨침이라 했는데 무심의 경지에 취한 저들이 한결 부러웠다. 마음을 짓누르고 있는 짐들을 털어버리고 빈 마음으로 사는 것이 저런 모습일는지….

세상에 변하지 않은 것은 아무것도 없다. 밤이 깊으면 새벽이 가까이 오듯이 모든 것은 변하면서 흘러가고 흘러 올 것이다. 미래를 내다보고 살아간다는 것은 곧 삶의 토양 위에 꿈을 키우는 것이다. 바닷가를 걷고 있는 젊은 연인들이 한 컷의 그림처럼 행복해 보인다. 젊은 남녀의 달콤한 사랑처럼 언젠가는 희망을 줄 수 있는 날이 올 것이라는 기대를 해 보면서 우리는 화끈한 매운탕으로 속을 달래려고 횟집으로 들어섰다.

큰 홀에는 몇몇 사람들이 먼저 와 술잔을 비우고 있다. 그들 사이에 자리를 잡고 앉아 소주를 몇 잔 마셨다. 가슴 속에 엉킨 회색빛 기운과 소주가 어우러져 평소와 달리 술기운이 확 달아 오른다. 옆 자리에서도 술기에 젖은 목소리들이 세상의 썩은 부위를 조목조목 들춰 잘라내고 있다. 그들의 소리를 들으며 우리는 서로 말은 하지 않아도 이심전심으로 대화가 이루어지고 있었다.

술기가 얼마쯤 오른 친구가 침묵을 깨고 한마디 툭 던진다. "오늘 이곳에 잘 왔어, 채롱처럼 흔들리는 세상과 마주 앉아 술을 마시며 몽롱하게 취해본들 나쁠 것이 없지 않느냐." 한다. 그도 나와 똑같은 생각을 하고 있다는 것을 알았다. 나는 술에 대해 잘 모르지만 소주가 뜨거운 가슴을 더욱 뜨겁게 하기도 하고 차가운 가슴을 데워주기도 한다.

그리고 자기를 잊게 하는 망각주忘却酒이기도 하다. 오늘 이 시간만은 잡다한 모든 생각들을 내 머리 밖에 놔두기로 했다. 툭 터진 바다를 향해 "세상의 잡것들이여 꺼져 버려라 !"하고 큰 목소리로 외쳐보고 싶기에 독한 술을 주량을 넘겨가며 마셨다. “뼈만 남은 가슴에 세상을 잊게 하는 만병통치약으로는 소주가 제일이여.”하며 허허대며 웃는 친구의 얼굴이 절실하게 다가옴은 어쩐 일일까. 그래도 혼돈 속에 질서는 살아 있을 터이니….

작은 키의 영웅들

아버지, 어머니는 키가 평균치를 웃돌았다. 그 덕인지 형제들은 직장에 운동선수로 뛸 만큼 체격이 크다. 그런데 나는 키가 작은 편이다. 아들 막내로 어리광을 부리며 초등학교 갈 때까지 엄마 품에서 떨어지지 않고 석게 먹으면서도 음식투정이 심했다 한다. 또 동무들에게 장난감을 빼앗겨도 애착이나 별 관심을 보이지 않아 어머니를 속상하게 했단다.

게다가 키도 작고 얼굴도 마음에 들지 않는다. 어렸을 때는 그것을 모르고 지내다가 중학교 갈 나이 때부터 신체에 대한 관심이 많았지만 어떻게 해 볼 수 있는 것이 아니다. 체격이 크고 잘 생긴 친구들과 어울리려면 무언가 한 가지라도 특이한 것이 있어야 한다기에 태권도를 배웠다. 운동을 하다 보니 성격도 활달해지고 작은 키는 아무 문제도 되지 않았다 예전에 비해 자신감이 생겼다.

고등학교 때는 작은 체구에 날렵하다고 간부로 뽑혔다. 행사가 있는 날 하얀 엑스 반도를 차고 있으면 친구들이 네가 반도를 차고 있는지 반도가 너를 차고 있는지 모르겠다며 놀려 대기도 했다. 또 공설 운동장에서 지역 행사가 있을 때 다른 학교 학생들이 "야 ! 재 좀 봐 저렇게 작은 꼬마가 학교 간부인가 봐." 하고 자기들끼리 숙덕대기도 했지만 콤플렉스에서 어느 정도 벗어났기 때문에 웃어넘길 수 있었다. 오히려 다른 학교 간부들 보다 작은 체격 때문에 관심을 더 받기도 했으니 ….

대학에 다닐 때였다.

합동강의를 듣기 위해 큰 강당에 수 백 명이 모였는데 학생 간에 언쟁이 벌어졌다. 강의실이 소란해지자 옆에 있던 친구가 나더러 좀 조용하게 하라고 시켰다. 용기가 나지 않아 망설이고 있자 마구 떠밀어서 할 수 없이 단상으로 나갔다. 게도 제 구멍에서는 제왕이라 했듯이 믿는 데도 있고 하니 이런 때 은근히 큰 소리도 한번 쳐 보는 것도 나쁠 것 같지 않았다. 단상에 올라 목청을 다듬어 "야! 너희들 조용히 해" 하고 외쳤다. 나도 놀랄 만큼 금방 조용해졌다. 지금생각해도 어디서 그런 용기가 났는지 신기하다.

얼마쯤 지나자 여기저기에서 웅성거리며 "꼬마야 내려오지 못해." 하는 소리가 들렸다. 소리 나는 쪽을 보니 체격이 우람한 학생이다. 큰소리 친 체면에 냉큼 내려 갈 수도 없고 그렇다고 서 있을 수도 없어 나는 머뭇거리고 있었다. 그 학생은 눈을 부라리며 곧 달려와 멱살을 잡아끌고 갈 것만 같아 오금이 저렸다. 1~2분 정도 짧은 시간이 무척 길게 느껴지고 가슴이 조마조마해 어쩔 줄 모르고 있었다. 그러자 처음에 나더러 조용히 하라고 시켰던 그 친구가 단상으로 올라왔다. 내 옆에서 어깨를 턱 벌리고 주위를 쑤욱 둘러보자 강의 실은 곧바로 쥐죽은 듯 조용해졌다. 위기를 간신히 넘기고 나니 등줄기에서 식은땀이 주르륵 흘렀다.

그 일이 있은 뒤로 나를 만나는 친구들마다 작은 체격에서 그런 배짱이 어디서 났느냐며 대단한 사람이라고 비아냥거리기도 했다. 그럴 때마다 기분은 조금 나쁘지만 '작아도 차돌이지.' 하고 넘기곤 했다.

가끔은 나를 점지해준 신 신령神靈께서 소원을 말해 보라 한다면 내가 키만 커질 수 있다면 쥐알봉수라는 말을 듣는 한이 있더라도 훤칠하고 늠름한 체격을 부탁하고 싶은 게 솔직한 심정이다. 결혼할 때도 2세를 위해 아내 될 사람은 키가 크기를 바랐지만 그도 뜻대로 되지 않았다. 결국 큰아이는 보통 키다. 둘째는 또래에 비해 조금 작은 편이다. 둘째는 자기가 키가 작다며 늘 볼멘소리를 했다. 그때 마다 너를 작게 키운 것이 아니라 네가 부모를 잘 못 만난 것이라고, 그것도 너의 복이니 어쩔 수 없지 않느냐며 넘기지만 마음이 편치는 않다.

아들을 결혼 시키면서 며느리가 될 아가씨는 무조건 키 큰 여자였으면 했는데 큰 며느리는 167cm의, 둘째는 요즈음 젊은 여자들을 감안한다면 중간키인 163cm이다.

큰 키가 반드시 행복한 인생을 보장해주는 것은 아니다. 그런데도 나는 무의식적으로 큰 키에 대한 부러움을 나타내니 키가 큰 사람을 선호하는 사회 풍조를 탓해야 하나? 키가 크면 좋은 점도 많지만 꼭 그런 것은 아니다. 몸을 숨겨야 할 때 전쟁터에서 적의 눈에 쉽게 발견 될 수도 있고 낮은 출입문을 드나들 때는 고개를 숙여야 하는 등 불편한 것이 한두 가지가 아니다. 실제로 키가 작아 남들보다 생명의 위험을 적게 느낄 때가 있었다.

월남에서 전투할 때다. 소대장으로서 최일선에 서서 적과 맞닥뜨려야 할 때마다 갑자기 몸을 숨겨야 하지만 그럴만한 장소를 찾기가 쉽지 않다. 다행히도 나는 작은 체격 때문에 엄폐물(적의 포탄, 실탄을 막기 위한 지상의 물체들)을 이용해 몸을 피하는데 다른 사람들보다 훨씬 유리했다. 그 뿐 아니라 평소에 연극을 관람 할 때도 앉은키가 작아 뒷사람이 고개를 비켜 달라고 하는 일이 없어 좋았다.

나는 그 편리함을 지난 날 터기 여행에서도 또 한 번 체험했다. 지하에 땅을 파고 사람이 살았던 지하도시를 구경 한 적이 있다. 낮은 곳은 높이가 1m50cm 남짓, 폭도 8~90cm정도 되는 곳도 있다. 남들은 그곳을 끙끙거리며 안내자 따라가기에 바빴지만 나는 고개를 약간 숙이고 다녀도 머리를 부딪칠 염려가 없으니 좋았다.

작은 키가 오히려 선풍적 유행을 만들어 낸 일화도 있다. 요즈음 여자들의 평상화가 되다시피 한 하이힐은 대영 제국을 이끌었던 엘리자베스 2세가 키를 돋보이기 위해 굽을 높여 신은 데서 유래했으니 말이다. 유럽을 휩쓸었던 나폴레옹의 키가 155cm 밖에 되지 않는다 한다. 워털루 전투 때는 작은 키를 엎드려 네 잎 클로버를 찾다가 적의 총알을 피하게 됐다고 해서 그 잎을 행운의 상징으로 삼았다 했다. 14억 인구를 개혁으로 이끌었던 중국의 등소평은 152cm였다. 박정희 전 대통령도 작은 키였지만 경제를 일으키는 데는 아무런 지장을 주지 않았다.

사람마다 신체적 부족함을 채우고 싶은 것은 어쩔 수 없지만 그래도 잘나고 못난 사람도 있어야 제 잘난 맛에 살기도 하고 그것을 부러워하며 뱁새가 황새 흉내도 내보며 살 것 아닌가. 모두 키 크고 잘 생겼다면 밋밋하여 어찌 살맛이 나겠는가. 저마다 개성 있는 미를 지니고 살아야 재미있는 세상이 되듯 나도 체구는 작지만 개성이라도 살려 더불어 살아갈 작정이다.

제5부 덤으로 사는 인생

덤으로 사는 인생

내 마음 속에 휘날리는 태극기

천상의 여행

옥문 통과는 예식이 필요했다

햇빛 아래 피지는 사랑

그해 겨울은 즐거웠네

덤으로 사는 인생

봄 햇살에 나뭇잎이 푸르러졌다. 긴 겨울 동안 움츠렸던 몸을 풀 겸 지난 해 가끔 다니던 앞산에 올랐다 그 곳에 설치 해 놓은 운동기구를 이용해 가볍게 몸을 푸는데 작년과는 다르게 몸이 무거웠다. 모처럼 하는 운동이라 그러려니 했는데 자꾸 밑으로 가라앉는다. 그 후 날이 갈수록 옆구리가 결리더니 이윽고 칼로 후비듯 끔찍한 통증이 왔다. 가까운 병원을 찾았다. 근육통이라며 며칠 지나면 좋아질 것이라 했다.

그러나 치료를 받을수록 척추 끝에서 담금질이 시작되면 온몸에 전류가 흐르듯 찌릿찌릿하고 뼈마디가 물러나는 것 같이 아팠다. 통증 때문에 손끝하나 움직일 수가 없었다. 다시 정밀 검진을 받아보았다. 척추에 심각한 문제가 생겼다며 곧바로 큰 병원으로 가보라 한다. 별것 아니라할 땐 언제고 이제 와서 무책임하게 큰 병원으로 가라니, 어처구니가없었다. 몇 개월 동안 치료 한답시고 했으면서도 병명조차 밝히지 못한 병원이 원망스러웠다. 하지만 그런 걸 따지고 있을 시간이 없었다.

곧바로 종합병원 응급실로 실려 갔다. 침상마다 환자들이 북적대며 신음소리가 연이었다. 저 많은 사람들이 어디가 어떻게 아픈 것일까. 그러고 보니 나만 아픈 것이 아니었다. 남의 아픔도 나에게 위안이 되는 것일까. 나는 통증을 조금씩 견뎌냈다. 죽은 사람도 깨어날 만큼 고통스럽다는 척추 조직 검사를 두 번 했고 각종검사를 여러 날 받았다. 초조한 심정으로 결과를 기다렸다. 척추 골수암 같다면서 수술을 해야 생명을 연장할 수 있을 것이라 한다. 그 말을 듣는 순간 머리가 핑 돌며 혼절할 것 같았다. 옆에서 지켜보던 아내도 얼굴이 창백해지며 몸의 중심을 잃고 비척거렸다.

다음날, 의사는 상태가 나쁜 척추를 인공척추로 바꾸고 골반뼈를 이식하는 수술을 받아야 한다고 한다. 그러나 지금은 그 큰 수술을 하기에는 체력이 너무 쇠잔하니 우선 약으로 치료를 하다가 어느 정도 회복되면 그때 하는 것이 좋겠다고 한다. 기력은 물론 정신마저 혼미한 상태에서 언제까지 이렇게 버텨야 할 것인지 그것이 더욱 견디기 어려웠다. 최악의 경우에는 3개월을 넘기지 못할 수도 있다니….

지금까지 천년만년 살 것처럼 경주마에 채찍을 휘두르며 앞만 보고 달려왔는데 갑자기 시한부 생명이라니 바람 앞의 촛불이 되었다. 아침마다 회진하는 의사들의 말 한 마디 한 마디가 천상의 목소리로 다가왔다. 그에 따른 주사와 약봉지들이 생명을 이어주는 끈이었다. 햇볕 쏟아지던 날에도 내 침대에는 늘 찬바람이 일었다. 어둠이 들면 째깍째깍 삶을 갉아먹는 초침소리가 바늘 끝처럼 예리하게 심장을 조여 왔다. 암울한 중환자실에서 삭아가는 시간을 아슬아슬 타고 앉아 사나운 파도처럼 밀려오는 아픔마저 아직은 깨어있는 감관感官이라고 감사했다.

옆 사람의 신음소리에 귀 기울이며 다가오는 불안을 조금씩 덜어냈다. 아침이 밝아오면 무사히 또 하루를 넘겼구나 하는 안도 속에 떠오르는 태양을 바라보곤 했다. 어느새 하늘이 푸르게 다가오고 창문에 비친 햇살이 참으로 아름다웠다. 창밖을 물끄러미 쳐다보고 있으면 나도 모르게 눈물이 볼을 타고 흘러내리면서 가족들의 얼굴이 가슴에 뜨겁게 새겨졌다.

지난날 얼마나 많은 죄를 지었기에 내게 이처럼 큰 병이 생겼을까. 아무리 생각해도 그럴 만큼 죄를 지은 것 같지는 않은데…. 타고난 팔자 탓일까. 사람은 초대하지 않아도 이승에 왔다가 허락하지 않아도 적멸寂滅의 세계로 떠나간다고 한다.

돌이켜보면 나도 잘못한 일들이 하나둘이 아니다. 집안의 크고 작은 일들을 가족과 상의 없이 내 뜻대로 처리한 일, 친구

간에 이견이 있을 때 그 말을 좀 더 경청하지 않고 고집만 부렸던 일, 어렵고 불행한 이웃들을 그냥 무심히 지나쳤던 일, 부모가 물려준 몸을 내 것 인양 별 생각 없이 혹사하며 건강을 해쳤던 일, 등 등, 그뿐이겠는가. 이웃을 내 몸처럼 사랑하지 못한 일.

제 몸 하나 제대로 가누지 못하고 병상에 누워 하루하루가 인생의 전부인 것처럼 지내고 있으니 허무하기 이를 데 없었다. 생각하면 영감이란 역시 신묘한 것이다. 발병이 시작되기 1년 전쯤이다. 별 생각 없이 만약 내가 갑자기 죽게 된다면 그간에 하고 싶었던 말들을 전하지 못하면 어쩌나 해서 가족들에게 남겨주고 싶은 사연들을 간추려 기록해 두었다.

우연히 그것을 다시 꺼내어 서명까지 하고 한 달도 못되어 입원했으니 그게 바로 유언장이 되겠구나 싶었다. 인간을 참으로 불가사의한 존재다. 어쩌면 살아가면서 죽어가고 죽어가며 살아가고 있으니 말이다.

수주일이 지나자 담당의사가 조금씩 약효가 보인다며 증상도 척추 암이 아니라 골수염이라고 했다. 이런 젠장 암과 염의 차이가 얼마라고 그렇게 험한 말을 아무렇게나 입에 담았단 말인가 화가 치밀어야 마땅했지만 나는 그에게 그저 “감사합니다.” 하는 말을 되풀이했다. 마치 그가 내 병명을 바꿔주기나 한 것처럼, 그의 무심한 설명이 절망의 나락으로 빠진 나에게 구원의 밧줄을 던져준 것 같았다.

또한 그 순간 어둠속의 찬란한 빛이 온 몸에 다가왔다. 나도 모르게 가슴이 뛰고 눈물이 하염없이 흘렀다. 다시 태어난 것처럼 기쁘고 그동안 긴장과 초조와 고통이 한 순간에 싹 가셨다. 지옥으로 떨어지다가 이승의 끈을 다시 붙잡은 기분이었다. 새로 얻은 생명이 한없이 거룩하게 느껴졌다. 내 절망과 고통만을 끌어안고 씨름하느라 보이지 않던 가족들이 그제야 보이기 시작했다. 밤낮을 가리지 않고 병실을 지켜준 아내가 한없이 고마웠다.

지금은 건강이 좋아져 일상적인 활동에는 아무런 문제가 없다. 하지만 왠지 나는 한번 죽었다가 다시 살아 난 것만 같다. 따라서 지금의 내 삶은 덤이라는 생각이 든다. 그래 덤으로 산다. 덤으로 사는 인생 크게 욕심 부릴 일도 없고 두려울 일도 별로 없다. 한번 죽어 봤으니 삶이 얼마나 소중한지도 알았다. 죽음은 멀리 있는 것이 아니라 삶과 가장 친한 길동무였다.

푸른 하늘을 바라보고 시원한 공기를 마음껏 마시는 것만으로도 이렇게 행복한 것을.

내 마음 속에 휘날리는 태극기

'실미도'와 '태극기 휘날리며' 영화 관람인원이 천만 명을 돌파했다. 그저 그렇고 그런 전쟁영화에 식상해 있던 우리에게 새로운 관심을 불러일으킨 두 편의 영화는 잘 만들었다는 평을 받았다. 나는 영화보다 연극을 좋아하는 편이지만 친구들 모인 자리에서 화제가 분분한 터라 대화에 끼지 못할까 봐 두 편을 다 보았다.

'실미도'는 그동안 한국사회에서 금기처럼 여겼던 북파공작원을 테마로 삼았다는 점이 관심을 끌었다. 북으로 간 아버지의 연좌에 걸려 이도저도 못하다가 살인 미수로 잡혀온 주인공 강인찬과 같은 처지의 사람들 31명이 벌이는 북한 침투훈련의 전말기이다. 국가라는 거대한 실체 속에서 이념이 만들어 낸 모순의 산물을 보여주고 있다. 1968년 북한 무장 공작원들이 남한으로 넘어와 청와대 근처까지 온 것에 자극을 받은 정부가 북파 공작원을 훈련시키면서 문제가 발생한 실화를 바탕으로 만든 영화다.

북한 침투 목적에 성공하면 그간에 걸려 있던 연좌제가 풀려 남들과 같이 자유의 몸으로 생활 할 수 있다는 기대감에서 훈련을 받는다. 그렇지만 남북한 간 화해 분위기가 조성되자 부대를 창설 할 때의 의미가 없어져 버린다. 필요에 의해 극비리에 만든 부대라 비밀을 지키기 위해 목숨까지 내 놓아야 하는 절체절명絕體絕命의 순간을 만나게 된다. 생사를 초월한 극한 상황에서 진실이 무엇이며 인간들의 삶에 목적이 어디까지 인지를 묻고 있다. 자의든 타의든 부대의 일원이 되어 일사불란하게 최후의 일각까지 움직이다 산화한 모습을 묘사한 작품이다.

태극기 휘날리며는 경제적으로 어렵던 1950년대 주인공인 장남이 말 못하는 어머니와 약혼녀, 동생들과 어려운 가정을 꾸려가다가 6·25 전쟁이 터지자 형제가 군대에 가서 겪는 내용이다. 애국이나 이념에 앞서 형은 오직 훈장을 받게 되면 동생을 제대시켜준다는 상관의 약속을 믿고 전투 때마다 선봉장으로 참가한다.

그 공으로 태극무공훈장을 받게 되지만 동생은 형이 명예를 탐해 목숨도 돌보지 않는 것으로 알고 형을 미워하게 된다. 국군의 반격에 의해 형제가 같이 북진 중에 중공군에 밀려 후퇴하던 중 동생이 수복지역으로 어머니를 만나러 간다.

그때 형은 동생이 국군에 의해 간첩으로 오인되어 살해된 것으로 알고 동생을 죽인 국군이 미워 북한군에 투항하여 인민군 장교가 된다. 이번에는 국군을 상대로 전투하다가 동생을 다시 만나면서 형제의 우의를 확인한다. 형제의 뜨거운 사랑을 내세운 이 영화는 비록 이념에 의해 조국이 분단되었지만 결국 피를 나눈 형제이지 않느냐는 물음을 던지고 있다.

영화를 보고나자 6·25 전쟁 때 몸소 겪었던 일들이 어제 일처럼 다가왔다. 그때 나는 초등학생이었다. 학교에서 공산당은 '빨갱이'라며 머리에 뿔도 나고 눈도 치켜뜨고 얼굴이 붉거나 검게 그려진 그림이나 포스터를 자주 보아온 터라 빨갱이는 도깨비 같이 생긴 줄 알았다. 그런데 어느 날 집 앞을 지나가는 모습을 보니 우리와 똑같은 사람이었다.

거기다가 앞이 낮고 뒤가 높은 일명 '도리우찌' 모자에 빨강 완장을 차고 있어서 오히려 멋있어 보였다. 아이들이 그 뒤를 따라다니며 재미있게 놀고 있어 나도 그들과 같이 하고 싶었지만 어머니가 극구 말렸다. 영문도 모른 채 집안에만 갇혀 지내야 했다.

전쟁이 나기 전에 아버지는 회사를 운영했고 큰형은 반공데모에 수도 없이 참가한 처지였다. 그러니 저들이 우리 집을 부르주아 역적으로 보았을 것이 분명했다. 아버지나 형들은 목숨을 부지하기위해 전전긍긍했다. 구들장 밑에 땅굴을 파고 피신하고 있었다. 어머니는 이모 집에서 틈틈이 얻어온 식량으로 하루하루를 견디어내기가 무척 힘겨웠지만 그래도 끼니때마다 먹을거리를 만들어 굴속에 넣어주고 변기통도 갈아 치우는 등 온갖 고생을 다 했다.

그러던 어느 날 큰형이 답답해 못 견디겠으니 잠깐 바람을 쏘이고 오겠다며 밖으로 나갔다. 그 사이 형의 학교 친구가 인민군이 되어 집에 찾아왔다. 어머니는 아무리 세상이 달라져도 차마 형을 잡아가리라고는 상상도 못한 터라 아들 친구의 두 손을 꼭 잡으며 반갑게 맞았다. 그리고 잠시 후면 올 것이라고 했다.

형 친구의 복장은 조금 낡고 허름하기는 했지만 초록색 바탕에 어깨며 등에 가느다란 끈으로 거미줄처럼 엮어놓은 옷이 요즈음 아이들 장난감에 나오는 스파이더맨처럼 보였다. 거기에 붉은 완장까지 차고 있어 참으로 멋져 보이기까지 했다. 모자도 써보고 완장도 차보면서 놀고 있었다. 그런데 그 사람이 형을 잡아가 버렸다. 그때부터 인민군만 보면 무슨 해코지를 할지 몰라 무서워 벌벌 떨며 그들이 지나 갈 때까지 숨어 있거나 도망쳐버렸다.

어머니는 모르는 사람이 우리 집 쪽으로 오거나 문밖의 인기척만 나도 그만 가슴을 조이며 나를 꼭 껴안고 안절부절 못하셨다. 한 달여 지난 후였다. 형을 데려가라는 통보를 받고 찾아간 곳은 외진 들판이었다. 심하게 매질을 당해 죽은 듯이 버려져 있었다. 들쳐 업고 왔지만 소생할 기미가 없어 보였던지 치료를 하면서도 며칠간은 포기 하시는 것 같았다. 그래도 목숨이 붙어 있는 한 어떻게든 살려야 한다며 뜨거운 물로 닦아주고 상처 난 곳을 소금물로 씻어주며 정성을 다하셨다.

맞아서 뼈가 쑤시고 아픈 데는 똥물이 좋다는 말을 듣고 변소에 죽통竹桶을 넣어 그 안에 고인 물을 먹이며 어머니는 날마다 뜬눈으로 날을 새우셨다. 그 때에는 한약漢藥이나 양약洋藥을 구하기란 거의 불가능 한 시기였다. 그런데도 여기저기 수소문하여 좋다는 약은 얻어오고 들이나 산에 가서 약초를 뜯어다가 발라 주었다. 또 매일 정화수 떠놓고 당신의 잘못으로 자식이 그리됐노라고 속죄의 기도를 올리고 자식에게 죄 값을 갚기 위해서라도 몸을 돌보지 않고 간호하다가 몸져눕기까지 했다.

지성이면 감청이라고 그것이 효험이 있었던지 2년여 만에 건강이 회복되어 형은 자진해서 경찰에 투신했다. 공비 소탕작전 때 형을 잡아간 친구가 부상당한 채 있는 것을 붙잡았다고 한다. 형은 그를 살려 주었고 전쟁이 끝난 후 몇 차례 우리 집에 와서 어머니께 인사를 했다. 그때마다 잘못을 뉘우치고 찾아온 아들친구를 어쩌지 못하고 흔연스럽게 대해 주셨지만 칼 같은 분노가 봄눈 녹듯 그리 쉽게 사그라졌겠는가. 형 친구가 다녀간 날은 지난날의 공포심이 되 살아나 온 몸에 경련을 일으키며 한참을 누워 그 때의 상황을 되 뇌이곤 하셨다.

'실미도'나 '태극기 휘날리며' 영화는 결코 남의 일이 아니었다. 우리 가족이 당했던 고통 그리고 온 국민이 겪었던 동족상잔의 비극적 산물이다. 이념 앞에서는 친구도 없다는 것을 내 눈으로 보았다. 마음속에는 아직도 죽음의 경계를 넘나들었던 형의 모습이 강렬하게 남아 전쟁을 용서하지 못하는 것이다.

이제부터라도 전쟁 없는 세상에서 서로 아끼고 사랑하며 인간답게 살고 싶은 염원을 두 영화는 실증으로 보여주고 있는 것은 아닐까.

천상의 여행

살아간다는 것은 잔인한 이별을 향해 한 발씩 다가가는 일이다. 재앙과 행복, 기쁨과 슬픔, 노여움과 즐거움 속에 살다가 멈춘 곳이 곧 죽음이다. 한국인 평균 수명이 10여년 이상 늘었다 해도 각박한 생활에 쫓겨서인지 제 수명을 다 채우지 못하고 서둘러 가는 가까운 사람들을 자주 보게 된다.

학창시절부터 줄곧 친하게 지내던 친구가 암으로 세상을 떠났다는 부음을 듣는 순간 머리가 멍해지며 아무런 생각도 떠오르지 않았다. 가족과 함께 교회를 열심히 다니며 이웃을 돕고 봉사하는 것을 보람으로 살아왔던 친구다.

내가 군대생활을 하고 있을 때 자주 찾아와 같이 운동하며 즐거워했던 일이 엊그제 같이 생생한데 불꽃같은 생을 접고 저 세상으로 가다니 믿어지지가 않았다. 친구들이 불러 낼 때마다 바쁜 일도 접어두고 포근한 웃음, 변함없는 마음으로 대해주곤 했는데 이제는 그런 모습을 볼 수 없다고 생각하니 앞이 캄캄했다.

나의 가슴도 미어지는데 가족이야 오죽하랴. 혈연과 영원한 이별은 피를 토하는 고통으로 가슴에 옹이 되어 박힐 터이지만 죽음 앞에서 인간의 능력은 무기력할 뿐이다. 남편을 잃은 부인이나 아버지를 여윈 자식들이 지독한 슬픔을 안고 살아갈 터인데 마음을 달래 줄 아무런 말이 떠오르지 않았다. 죽음은 삶의 끝자락에서 필연적으로 받아들여야 하는 운명이기에 위로의 편지를 전해야 했다.

아주머니! 무슨 말을 들려드려야 조금이라도 위로가 될 수 있을까요? 가슴을 에이는 상심 속에 있을 터인데 저의 몇 마디 말이 무슨 도움이 되겠습니까. 가슴 에이는 한구석이라도 메워지기 바라는 마음으로 어느 부인이 겪었던 일을 소개하겠습니다.

미국에 살고 있는 한 부인이 남편을 잃고 괴로움을 혼자 해결할 수가 없어 유명한 작가에게 자기의 심경과 고통을 호소하고 조언을 구했더니 이런 말을 들려주더랍니다. “당신이 현재 겪고 있는 고통과 시련, 괴로움과 슬픔, 모두 당신만이 가질 수 있는 자산이니 그것을 밑거름으로 해서 더욱 열심히 살아 보라."고 또 다른 부인은 이렇게 기도 했답니다. "옆집에 사는 여자는 건강이 허락되지 않아 결혼도 못했는데 자기에게는 남편과 30년여 년을 같이 살 수 있게 해 주고 당신(하느님) 품으로 데려 가셨습니다. 남편과 함께하는 동안 많은 행복과 보람을 느꼈습니다. 앞으로는 그 행복을 가슴속 깊이 간직하며 열심히 살겠노라고…"

저승살이는 누구나 정해진 일이지만 이승에 얼마나 머무르다가 가느냐는 사람마다 조금씩 다르겠지요. 기독교나 천주교에서 천당이 있다고 했습니다. 남편은 어려운 이웃들에게 착한 일을 많이 베풀며 살았으니 천당으로 갔을 겁니다. 먼 훗날 만나면 떨어져 있던 동안 못 만난 정을 배로 나누면서 더욱 행복하게 살 수 있을 것이라는 희망을 가졌으면 합니다. 무엇보다도 아주머니의 건강은 혼자만의 것이 아니라는 점을 생각해야 합니다. 자식을 위한 어머니로서, 하나님의 자식으로서의 책임도 있으니 늘 몸조심 하셔야지요. 시련과 고통은 빨리 잊을수록 좋고 즐거움과 행복은 오래 간직할수록 좋다 했습니다. 때로는 아픔도 자기의 것으로 받아들일 수 있는 여유를 갖는다면 오늘의 이 아픔이 훗날 보석 같은 삶의 길잡이가 될 것이라는 생각도 해 봅니다.

영원한 삶을 살고 있는 남편을 꿈속에서나마 자주 만나 볼 수 있기를 바라는 마음으로 '천상 여행'을 생각해 보았습니다.

하느님께 이렇게 기도해 보십시오. '당신은 독생자시고 세상의 모든 것을 주관하시니 저를 불쌍히 여기시어 천상에 있는 남편과 날마다 꿈길에서 만나게 해 주십시오' 라고. 그때 만나거든 자식들 이야기, 손자들 재롱부리는 이야기도 들려주시고 이곳 친구들이 무척 보고 싶어 하더라는 말도 전해 주시고요.

그곳 천상天上 친구들과는 어떻게 지내는지도 물어 보시고요. 간밤에 못 다한 말이 있으면 수시로 기도를 통해 평소에 남편과 대화하던 대로 나누시면 어떨까요. 아주머니! 밤마다 떠나는 천상 여행이 슬픔을 잊는데 도움이 되었으면 합니다. 자신과 가족들을 위해 남은 삶을 더욱 굳건하고 보람차게 가꾸시기 바랍니다.

친구야, 자네는 가족과 기도를 통해 자주 만나고 있겠지? 하지만 나는 가족 편에 안부를 전 할 수밖에 없어서 미안해. 지난날 자네와 나누던 말들이 생각나서 詩로 엮어보네.

> 멀리 있어도 빨갛게 익은 사람
> 설핏한 노을 내릴 때면 / 통주저음※으로 들려오는 목소리
> 윤기 도는 검은 하늘가에 / 겹으로 쌓인 투명 공간 건너
> 목성에서 거울 속보다 조용하게 /불어오는 바람의 그림자도
> 청포도 열린 위성들 푸른 눈빛도 /지구 끝자락에서
> 빙하를 건너 보내온 오로라도 /자네와 같이 나눌 수 있어 좋았었어.

하지만 이제는 그럴 수 없어 /내게 온 저 별빛은
천년만년 전에 생성된 것이래.
자네는 하늘에 살고 있으니 / 쉽게 만져 볼 수 있을 거야
어쩜 그 곳이 더 좋을 지도 몰라 /지난날 내게 준 사랑
붉은 새벽 빛 삼킨 가슴에 / 은은한 향기 머금은
창포 꽃※으로 피었어.

—통주 저음 목소리

그럼 안녕

※ 통주저음 : 파이프 오르간에서 나오는 가장 낮은 소리
※ 창포 꽃말 : 우아

옥문 통과는 예식이 필요했다

옛날에는 결혼식은 성인으로 가는 절차라 했다. 그 말은 곧 일생에 가장 중요한 예식을 치르고 난 뒤에 천기天氣가 들어 있는 여자의 옥문玉門을 열어야 한다는 말인 듯 싶다. 나는 그 어려운 과정을 어떤 것인지 별로 생각해 보지 않고 지내다가 결혼 날짜가 잡혔다. 그저 결혼 하는 날 예식을 치르면 되는 줄 알았다.

우리 부대 군의관이 나더러 "결혼 생활 잘 하려면 여자에게 잘 해주어야 하는 거여." 한다. 결혼 하면 서로 잘 해주고 살게 될 터인데 왜 그런 말을 새삼스럽게 할까 생각하며 피식 웃고 말았다. 헌대 몇 마디 더 듣다 보니 참뜻이 어디에 있는지 알 것 같았다.

군의관과 목욕탕에 간적이 있다. 직업의식이 발동 했는지 그 때 나의 거시기를 유심히 보아 두었던 모양이다. 결혼 기념으로 포경수술을 해주겠다고 한다. 필요 없다고 했더니 평소 남자는 깨끗해서 좋고 여자의 옥문에 병도 안 생기고 부부 생활도 좋다며 내가 알아듣지도 못하는 의학적 설명까지 곁들여 권유하는 바람에 결혼식을 삼일 남겨두고 포경 수술을 했다. 수술을 하고 나니 아래가 추를 달아 놓은 듯이 묵직하고 붕대로 칭칭 감아 놓아 걸음을 똑바로 걸을 수가 없었다.

결혼식 하는 날 다른 사람들이 눈치 챌까봐 발걸음에 신경을 쓰고 걸었다. 하객들 앞에 두 발을 똑바로 모으고 서 있으려니 피가 아래로 쏟아지는 것 같고 양쪽 허벅지의 압박으로 통증이 심해 이마에는 식은땀이 나고 정신이 아찔아찔 했다. 그래도 하객들이 눈치 채지 못해 별 문제 없이 끝났다. 나중에 들은 이야기지만 신랑이 너무 긴장해서 땀을 뻘뻘 흘리더라는 것이었다. 문제가 여기서 끝났으면 좋으련만 그게 쉽게 넘어가는 것이 아니었다. 피로연 한답시고 친구들이 술을 먹이고 거꾸로 매달고 하는 바람에 나의 결혼 지참 품목 1호인 거시기가 다 떨어져 나가 버린 것 같았다.

너무나 심한 통증에 시달리느라 얼굴이 빨개지는 것을 보고 친구들은 자기들이 신랑을 잘 다루어서 인상이 험한 줄로만 알고 즐거워들 하니 그렇다고 화를 낼 수도 안 낼 수도 없었다.

그 날 새벽에야 신방에 들어갔지만 얼마나 지쳤는지 첫 날 밤이라는 생각을 할 겨를도 없었다. 온몸에 열이 나서 신부더러 혼자 자라고 하고 멀찌감치 떨어져 누웠다. 거시기가 욱신 욱신 거리는 속에서도 신부의 모습이 궁금하여 살짝살짝 옆 눈질을 해 보았지만 가느다란 숨소리만 들려올 뿐 아무런 기색이 없다. 신부도 내가 술에 취해서 그렇게 자는 줄 알았을 것이다. 다음 날도 그 다음날도 그렇게 잤다. 남자가 첫날부터 왜 저렇게 떨어져 자는지 무척 궁금하였을 터이지만 신부가 묻기도 쑥스러웠던지 아무 말이 없었다. 삼일 째 되던 날 장모가 아내더러 신랑이 어떠냐고 묻더란다. 그 말은 남자 구실을 잘 하더냐고 묻는 말이었다. 옛날에는 딸을 시집 보내 놓고 신랑이 딸에게 사랑을 잘 해 주어야 잘 산다는 믿음에서 묻는 습관이 있었으니 그리 했을 것이다. 그런데 아내는 그간에 나와 아무것도 치른 일이 없으니 대답 할 말이 없어 "그저 그래." 하고 말았단다.

결혼 휴가를 마치고 부대로 복귀하면서 아내더러 같이 가자고 해도 반가워하는 기색이 하나도 없고 쌩뚱한 것 같았다. 그도 그럴 것이 그 때까지 부부로서의 절차를 치르지 않았고 옷을 갈아입을 때마다 팬티에 피가 묻어나기도 했으니 내가 몹쓸 병이라도 걸린 것으로 생각 했을 것인데 따라 나서고 싶은 사람이 어디 있겠는가.

그렇다고 생과부로 늙을 수도 없는 일이고 새색시가 시댁에서 누구와 말 한마디 나눌 수도 없었을 터이니 그 때의 심정이 참으로 답답하였을 것이다. 나 역시 아내에게 대한민국의 건강한 남자다움을 보여 주려고 고통을 참으며 아내 옆으로 다가 가기만하면 그 때마다 실밥이 낚싯줄처럼 탱탱하게 잡아당겨 식은땀이 날만큼 아파 견딜 수가 없었다.

이 큰 몸이 작은 실오라기 하나에 걸려 이리 고생을 해야 되겠나 싶은 오기가 발동해 몇 차례 시도를 해 보려 했지만 그럴수록 어떻게나 아픈지 여자의 신궁神宮이 철옹성처럼 높게 느껴졌다. 한편 좋은 결과를 얻기 위해서는 '참아야 한다 조금만 더 참아야 한다.' 며 마음을 다졌다. 아내는 왜 내가 저리 끙끙거리고 있는지 궁금했을 터이지만 겉으로는 아무런 내색을 보이지 않았다.

며칠이 지나 친구들이 내가 결혼하고 아내와 함께 임지로 떠난다는 것을 알고 이번에 가면 고향에 자주 못 올 터인데 축하해 준다며 음식집을 잡아놓고 기다리고 있었다. 술잔은 나에게 집중되었고 마시면 마실수록 수술 부위가 열이 나는지 후끈거려 견딜 수가 없어 거절하면 누구의 잔은 받고 누구의 잔은 안 받느냐며 친구 차별 하면 안 된다며 권하는 바람에 마셨다. 술도 마취성분이 있어서인지 마시고 또 마시다 보니 통증도 없어져 버려 얼마를 마셨는지 기억이 없다. 겨우겨우 집을 찾아와 잠자리에 들었다.

아침에 일어나니 아내의 얼굴에 수심이 가득 했다. 자초지종을 물어도 자물쇠처럼 잠겨 진 입은 좀처럼 열려 하지 않는다. 무슨 일이 있었느냐고 거듭거듭 묻자 무겁게 입을 때며 하는 말이 혹여 나쁜 병이 있는 것 아니냐는 것이다. 그 말은 거시기에 문제가 있는 것이 아니냐는 것임을 알 수 있었다. 그렇지 않다고 했지만 믿으려 하지 않는다. 왜 그러느냐고 하자 간밤에 내가 술기운에 속옷만 입고 잤던 모양이다 그런데 하얀 붕대로 칭칭 감겨져 있는 거시기가 옆으로 빠끔히 빠져 나왔더란다 그러니 얼마나 놀라고 평생 남자 구실도 못하는 남자 아닌 남자와 살아야 할 판이니 걱정이 오죽 컸겠는가.

할 수 없이 그간에 있었던 자초지종을 이야기 했더니 그제야 안심이 되는지 수줍어하면서도 얼굴이 밝아지는 것 같았다.

신부님이 이런 농담을 했다 한다. 어부가 바다에 나갔다가 풍랑에 배가 뒤집혀 사투 끝에 남편이 살아왔지만 남자로서 있어야 할 그 중요한 것이 고기에 뜯어 먹혀 없더란다. 부인이 죽음에서 살아온 남편을 반기기보다는 "살아도 못살아, 살아도 못살아." 하며 울더란 이야기로 웃기더란다. 그러니 부부의 사랑이 깊어지려면 성性에 공功을 들여야 한다는 말이 예나 지금이나 빈 말은 아닌 듯 싶다.

햇빛 아래 퍼지는 사랑

햇볕의 느낌은 계절마다 다르다. 포근한 봄볕은 만물을 생동케 하고 작열하는 여름 태양은 정열을 부추긴다. 청명한 가을볕은 사색을 유도하고 사위어가는 겨울 햇볕은 휴식 속에서 새로운 꿈을 꾸게 한다. 볕도 이처럼 다르듯 인간들의 사랑도 여러 가지 가지다.

살아가면서 빛깔 있고 의미 있는 사랑의 체험이야말로 삶의 보람이 아닐까 싶다. 짧은 기간의 만남이었지만 충북 음성의 꽃동네를 잊을 수가 없다. 그곳의 최귀동에 대한 이야기는 유명하다. 부잣집 아들로 태어나 남부럽지 않게 살았던 그는 6·25 전쟁 때 가족을 잃고 다리 밑에서 혼자 살면서도 구걸을 해서 병든 사람들을 돌봐주고 있었다. 어느 날 오웅진 신부가 최귀동 거지의 숭고한 정신을 보고 사회 각지의 도움을 받아 꽃동네라는 큰 사회 복지시설을 만들게 되었다.

정문 입구에는 눈여겨보지 않으면 지나치기 십상인 최귀동의 동상과 비석이 있다. 남루한 옷을 걸친 왜소한 체격이면서도 보는 사람들로 하여금 따뜻하고 포근한 마음을 갖게 하는 미소를 머금고 있는 그 속에 이 세상을 품을 수 있을 만큼 큰마음을 갖고 있었다니 놀라웠다. 사람의 마음이란 생각에 따라 우주도 품을 수 있고 제 몸 하나 건사하지 못 할 수도 있겠다는 생각을 이곳에서 새삼 확인한다.

'밥을 얻어먹을 수 있는 힘만 있어도 하나님의 큰 축복' 이라는 성경말씀이 절절히 마음에 와 닿는다. 나는 병원에서 온몸을 가누지 못한 채 누워 있던 때가 있었다. 제 손으로 밥을 먹는 환자가 그렇게 부러울 수가 없었다. '건강은 정말 무엇과도 바꿀 수 없는 재산이다. 건강을 잃으면 모두를 잃은 것.'이란 말을 절감하며 건강하리라 다짐했다.

꽃동네에는 전국 각지에서 모여든 뇌성마비를 비롯한 여러 장애인들이 함께 생활한다. 그들의 꾸밈없는 표정, 티 없이 맑고 순수한 몸놀림은 천사와 다름이 없다. 그렇지만 혼자서는 자기 몸을 추스르지 못한다. 건강한 사람들끼리도 마음의 담을 쌓고 살아가는 경우가 허다한 세상에 수시로 가정을 떠나 이곳에 상주하면서 이들과 정신적 대화를 나누고 몸 받쳐 봉사하는 사람들이 많다는 것은 여간 다행스러운 일이 아니다. 이런 일은 결코 아무나 할 수가 없다. 하지만 그들은 견디기 힘든 노동에도 마냥 행복해 한다.

가족들도 여러 날 간호하다 보면 힘에 겨워 짜증이 나고 지쳐 쓰러지기도 한다. 남달리 심성이 곱고 아낌없이 봉사를 할 수 있는 사람들만이 가능한 일이다.

"어려운 이웃을 위하여 자기 목숨을 버리면 이 보다 더 큰 사랑은 없다"는 성경말씀을 실천하는 봉사자들은 만물을 소생시키는 봄볕보다 더 따사로운 인간의 사랑을 지닌 사람들이다. 자기 몸은 하느님이 봉사하라 주신 것이라 생각하고 열심히 하다가 체력이 달려 병을 얻는 사람도 있다고 한다.

그 때 얻은 병으로 여러 날 고생을 하고 있던 사람이 자기가 앓고 있는 병까지도 하느님께서 봉사의 참뜻을 알라고 주신 선물로 생각한다니 봉사의 진정한 의미가 무엇인가를 다시 한 번 생각하게 한다. 자기 마음이 따뜻해야 세상을 녹일 수 있다고 하는데 바로 이렇게 봉사하는 사람들이 있기에 메마른 세태 속에서도 우리가 이웃 간의 정을 느끼며 살고 있음이리라…

내가 군대 생활하고 있을 때는 부유한 환경에서 자라 기본적인 훈련도 받기 힘들어 하는 병사도 있었다. 하루는 꽃동네 자원봉사자를 모집했으나 희망자가 많지 않아 모여진 인원만 갔다. 몸을 뒤틀며 침을 흘리는 사람, 밥을 먹여 주어야 할 사람,

변을 제대로 가릴 수 없는 사람들을 돌봐야 했다. 방마다 악취가 진동했다. 첫날은 그 냄새를 견디지 못해 코를 막고 도망치기도 하고 심지어는 구토하는 병사들까지 있었다. 악취가 인간의 원초적 냄새라는 것을 알게 되기까지는 상당한 시간과 인내가 필요했다.

다음 날은 그곳에 상주 하는 봉사자들과 함께 거들게 했다. 그래도 주위만 슬슬 맴돌다가 시간이 지나면서 조금씩 따라 하더니 나중에는 누가 시키지 않아도 청소도 하고 목욕도 시켜주고 밥도 먹여주었다. 힘들지 않느냐고 물었더니 이제는 냄새도 별로 나지 않고 힘도 들지 않는 다고 했다. 병사들이 잘 참고 적응해 나가는 것이 고맙게 느껴졌다.

인생이란 고통이든 즐거움이든 추억거리를 만들며 살아가기 마련이다. 그런데 건강한 몸을 갖고 있으면서도 허구한 날 세상사에 가슴 아파 하고 괴로워하는 사람도 있다. 한데 저들은 몸이 성치 못하면서도 정상인보다도 더 맑고 순수해 보였다. 모든 것을 하늘의 뜻이라며 긍정적으로 생각하고 늘 웃음을 놓지 않고 있다. 행복은 내 몸 안에 있고 불행은 내 몸 밖에 있다고 생각하는 것 같다. 그러다 보면 행복은 꼭 신체적으로 건강해야만 오는 것이 아니라는 생각이 든다.

우리들의 만남이 예사롭게 이루어 진 것은 아닌 듯 싶다. 전생에 어떤 인연이 있었기에 그렇게 만나 2박3일의 짧은 기간에 많은 정이 들었을까. 그들과 산책을 하며 사진도 찍고 형제처럼 지냈다. 티 끝 하나 없는 듯 한 그 맑고 순수한 마음에 매료되어 헤어질 때는 눈물을 흘리는 병사들도 있었다. 자기 생애에 처음으로 보람 있는 일을 했다면서 사회에 나가도 어렵고 힘든 사람들을 돕겠다는 다짐도 했다. 병사들의 그런 모습이 한없이 믿음직스러웠다.

그 후 자원봉사자들을 모집할 때면 많은 인원들이 참여하겠다고 해 순번을 정하는 문제가 쉽지 않았다. 어느 병사는 휴가를 반납하고 봉사에 동참 하겠다고 하여 주위의 칭송을 받았다.

봉사하는 저들을 대하니 사랑은 희생이 아니라 자기 삶을 풍요롭게 하는 길인 것 같았다. 정신 분석 학자요 사회 비평가인 에리히 프롬이 사랑의 특성은 "상대에게 관심을 갖고, 책임을 느끼며, 존중해주고, 이해하며, 모든 것을 주는 것"이라 했다.

또한 젊은 베르테르의 슬픔의 작품을 남겼던 괴테는 '언제나 변하지 않는 것'이야 말로 진정한 사랑이라고 했다. 향촉의 향이 아무런 바람도 없이 피어 하늘로 높이 솟아 향기가 멀리 퍼져가듯 이들의 사랑이 어둠을 밝히는 불빛처럼 영원히 빛날 것만 같았다.

여러 가지 어려움 속에서 제 몸을 태워 이웃을 돕는 값진 삶을 살고 있는 사람들에게서는 '참 사랑' 냄새가 난다. 병사들도 봉사를 통해 순수와 사랑 그리고 고통의 의미를 깨닫게 되었으니 오히려 귀중한 것을 선물로 받게 된 셈이다.

햇빛 같은 이들의 숭고한 사랑이 널리 퍼져가는 날 세상은 한층 밝아질 것이다.

그 해 겨울은 즐거웠네

첫눈이 내리면 눈을 바라보는 것만으로도 마음이 설렌다. 좋은 일이라도 생길 것 같은 예감으로 마음이 공연히 들뜨기 때문이다. 첫사랑으로부터 소식이라도 올 것 같은 착각에 빠지는가 하면 형언할 수 없는 신비감에 사로잡히기도 한다. 사람들은 첫눈 오는 날 잊을 수 없는 추억의 장소에서 만나자는 약속을 하기도 한다. 나에게도 첫눈 내리는 날의 추억을 간직한 성소聖所가 있다.

고등학교 시절 매년 겨울 방학이 되면 친구들과 몰려다니며 놀았다. 그 중 한 친구는 산간벽지 외딴 집에 부모와 동생들이 살고 있었다. 늘 같이 붙어 다니던 친구들 셋이 그 친구 집엘 갔더니 어머니는 이 먼 곳까지 찾아왔다며 반갑게 손을 하나하나 잡아주신다.

방으로 들어서자 콤콤한 냄새가 난다. 도시에서는 전혀 맡아보지 못했던 터라 역했지만 조금 지나자 그 냄새가 오히려 구수해지면서 방안이 더없이 포근하다. 방바닥에 깔린 멍석이 번들번들 윤기가 나는 것을 보고 있으려니 아버지가 엮었다는 친구의 말투에는 은근히 아버지의 솜씨에 대한 자랑이 배어 있다.

윗목에 곡식을 쌓아 두고 짚으로 잘 엮어 매달아 둔 메주가 수정 재배하는 호박처럼 천장에 주렁주렁 달려 있다. 벽에 걸린 달력에는 밀짚모자를 쓴 중노인이 벼를 한 움큼 안고 웃는 모습의 달력이 걸렸는데 칸칸에 쓰여 진 숫자 사이에 농사의 기록들을 빽빽이 적은 한해의 흔적이 고스란히 담겨 있다. 그것을 보니 내가 어렸을 적에 할아버지 방에 들어가면 달력에 꼬부랑글씨로 무엇인지 알 수 없는 것들을 적어놓고 그것을 쳐다보며 할머니와 담소하시던 모습들이 어제 일처럼 떠오른다.

밖으로 나오자 노란 햇살이 뉘엿뉘엿 서녘하늘을 넘어가는 들녘에서 농부 내외가 가을걷이가 끝난 밭에 새로 씨를 뿌리고 있다.

그 것을 보는 순간 멀리서 은은하게 들려오는 교회의 종소리에 맞추어 밭갈이하던 일손을 멈추고 두 손을 살포시 모아 기도하는 부부의 모습을 그린 밀레의 '만종'이 생각난다. 씨앗을 뿌리고 있는 저들 또한 밀레의 그림 속의 풍경 못지않게 아름답고 평화로워 보였다. 그 때에는 농부들의 삶 속에 얼마나 많은 땀과 고달픔이 배어 있다는 것을 미처 알지 못했으니 '만종' 그림처럼 아름답게 받아들일 수 밖에 없었을 것이다.

저녁에는 무채를 썰어 넣은 밥을 해 주셨는데 간장을 뿌려 비볐더니 물기가 촉촉이 배어나오고 조금 사각사각 하는 것이 상큼하고 참으로 맛있었다. 오는 동안 배도 고팠던 터라 두 그릇씩을 거뜬히 비웠다. 무채 밥은 우리의 식욕을 오래 달래주지 못했다. 얼마 지나지 않았는데 뱃속이 허전하다.

먹을거리를 찾아보니 윗목에 고구마가 있다. 하나씩 꺼내어 가마니에 쓰윽 쓱 문질러서 흙을 털어내고 어석어석 씹으면서도 허전한 배를 채울 수가 없다. 뱃구리를 슬슬 문지르는 친구, 방안에 뭐 먹을 것이 없나 하고 눈을 두리번거리는 친구도 있다. 밤이 깊어지자 어머니가 고구마를 쪄서 소쿠리에 듬뿍 담아 주셨다. 출출한 터라 따끈하고 말랑말랑한 고구마를 하나씩 입에 대고 단숨에 쭉 빨면 껍질만 남았다. 달콤하고 감칠맛이 지금의 단팥죽에 비길 수 없을 만큼 특별했다.

군불을 많이 지펴 방바닥은 뜨거웠지만 뒤틀린 문틈으로 스며든 바람결에 천장에 매달려 있는 전등갓이 흔들리고 코끝이 시렸다.

밤이 깊어 가는 줄 모르고 이야기를 나누다가 잠이 들었는데 눈을 뜨자 따스한 아침 햇살이 방으로 스며든다. 창문을 열자 밤새 눈이 많이 내렸다. 첫 눈이다. 전날 보았던 들녘은 삭막하고 퇴색한 빛이었는데 아침 풍경은 나뭇가지마다 쌓인 눈 위에 햇살이 내려 보석같이 반짝인다.

눈 덮인 들녘이 북극의 설원처럼 장관을 이루고 있다. 산간의 눈은 어찌나 맑고 깨끗한지 도시에서 보던 그런 눈이 아니다. 나도 모르게 눈에 끌려 사색에 빠져 들었다. 나무들은 잎을 다 떨어뜨려 버렸지만 눈으로 치장한 것이 신선의 모습 같은 느낌마저 든다. 하얀 눈꽃들의 향연, 만발한 설화는 볼수록 황홀하다.

하지만 이 아름다운 꽃과 나무들도 새 봄이 오면 푸른 잎을 피우기 위해 추위를 이겨 내고 있을 것이다. 소나무만 예외인 듯 흰 눈 속에서 오히려 더 푸르니 삶이란 환경에 따라 웃는 것도 있고 고통을 감내 하는 것도 있다는 생각이 든다.

눈을 한껏 쏟아버린 빈 하늘에 잡힐 듯 잡히지 않는 꿈 하나 심으며 아무도 없는 들판을 숫눈 밟으며 혼자서 걸었다. 그 때마다 뽀드득 뽀드득 들려오는 감미로운 소리와 함께 발자국이 하나씩 새겨진다. 그 흔적들이 내 뒤를 따르는 사이 싸한 바람이 목덜미를 휘감고 돌아간다. 무작정 걷다 뒤돌아보니 내가 지난 밤 묵었던 집이 가물가물하게 보인다.

온통 하얀 세상에 바가지를 엎어놓은 것 같은 집에서 안개 같은 연기가 솔솔 피어오르는 광경이 그림속의 한 점의 정물화 같다. 까만 교복 입고 눈 속에 서있는 내 모습이 텅 빈 설원에 홀로 갇혀 있는 듯 하다. 드넓은 들녘을 헤집고 다니던 바람이 하얗게 다가와 실컷 마셨지만 배는 부르지 않다. 봄을 꿈꾸는 겨울 햇살이 가슴에 꽉 채워지는 느낌이다.

집에 돌아오자 친구 어머니가 부엌에서 젖은 손을 앞치마에 닦으며 추운데 어디를 다녀오느냐 하신다. 수건을 둘러 쓴 머리에 검게 탄 주름진 얼굴이지만 웃는 모습에 인자함이 듬뿍 배어 있다. 아침은 고구마와 잡곡이 반 쯤 들어있는 밥에 시래기 국이다. 밥 속에 들어 있는 고구마가 찐 밤 같이 포근포근해 그렇게 맛있을 수가 없다. 까맣게 탄 주전자에 담긴 숭늉을 그릇에 따라붙자 검붉은 것이 꼭 커피색을 닮았다.

달작지근하면서도 감칠맛이 도는 고구마 특유의 냄새가 배어 있어 마실수록 고소하다. 2리터 쯤 되는 물을 셋이서 단숨에 마셔 버렸다.

눈이 무릎까지 빠진다는 핑계로 문밖 출입도 않은 채 3일 밤낮을 빈둥대며 방안에 쳐 박혀 보냈으니 어머니가 얼마나 힘들고 불편하셨겠는가. 오랜만에 놀러 온 아들 친구들을 위해 더 놀다 가라는 말까지 아끼지 않는 어머니의 말씀을 뒤로 한 채 친구 집을 떠나왔다.

그때의 친구들은 이제 생활전선에서 바쁘게들 살고 있다. 첫 눈 오는 날은 꼭 만나기로 약속을 해두었지만 쉽지 않다. 어쩌다 만나는 날은 포장마차에서 생선묵과 꼬치를 시켜 놓고 소주잔을 비우며 지난 학창 시절에 친구 어머니가 정겹게 대해주던 이야기로 밤 깊은 줄 모른다. 당장이라도 친구 어머니를 찾아뵙고 지난날의 은혜에 조금이라도 보답하고 싶지만 지금은 우리 곁에 안 계신다. 그 옛날 친구 집에서 보낸 첫눈 내리는 날의 아름다운 추억만 남아 이렇게 반추할 뿐이다.

제6부 동화사 목어를 만난 날

진화하는 목욕탕 풍경

나눌수록 커지는 사랑

추억 지우기

파라오의 탄식

동화사 목어 만난 날

길 찾기

진화하는 목욕탕 풍경

내 어렸을 때는 가정집에 목욕탕이 있는 경우는 아주 드물었고 대중목욕탕도 없는 동네가 많았다.

겨울 목욕은 어머니가 물을 데워 찬물을 섞어가며 씻어 주는 것이 전부였다. 여름철은 개울에서 물장구치며 놀다 보면 자연스럽게 몸이 씻어졌으니 노천 목욕탕인 셈이다. 어른들은 제사를 모실 때는 부부 합방도 피한다. 그만큼 몸을 정갈하게 씻어야 했는데 겨울철에는 사람들의 눈을 피해 목욕을 해야 했으니 오죽 불편 했을까.

요즈음은 생활에 여유가 생겨 건강에 대해 많은 신경들을 쓴다. 보약, 등산, 운동 등을 기본으로 생각한다. 그중 목욕을 으뜸으로 여기는 사람들이 늘고 있다. 목욕은 신진대사를 촉진시켜 각종 질병을 예방해 주기 때문에 좋다고들 한다. 그러다 보니 먹고 자면서 스물 네 시간 목욕할 수 있는 일반 사우나뿐만 아니라 불가마 사우나, 소금 다이어트 사우나, 찜질방 등 다양한 목욕 시설들이 일종의 문화를 이루고 있다.

온천이나 찜질방은 단순히 목욕만 하는 곳이라기보다는 스트레스도 해소하고 다이어트도 하는 곳이 되었다. 한가하고 돈 많은 사람들은 정력에 좋다는 음식으로 보신을 한 다음 찜질방에서 불어난 살을 빼기도 한다. 우유로 몸을 닦고, 살결이 부드럽게 기름 묻힌 수건으로 닦아내고 값비싼 향료를 바르기도 한다.

이런 일련의 과정을 가만히 누워있어도 도우미가 다 해결해 준다. 나도 그런 문화의 혜택을 어느 정도는 받고 있다. 옛날에 감히 엄두도 낼 수 없었던 샤워를 계절에 맞게 찬물 따뜻한 물 골라가며 수시로 집에서도 할 수 있으니 옛 어른들이 보았다면 얼마나 부러워하겠는가. 그러면서도 일 주일에 한번 정도는 목욕탕에 간다. 온천욕도 즐기지만 찜질방을 더 좋아한다. 내가 사는 동네에도 내부가 백 평이나 되고 방들을 천연 자수정과 비취보석으로 장식한 궁전 같은 찜질방이 생겼다. 땀 빼기는 남녀가 같은 공간에서 하고 목욕만 각각 나뉘어서 하는 선진된(?) 구조다.

주말이나 휴일에는 대부분 남자들로 붐비지만 평일과 주중에는 여자들이 더 많다. 젊은 여자들이 아이들 학교에 보내고 여가를 그렇게 활용하는 것 같다. 나는 여유 있는 시간에 한답시고 주로 주중에 간다. 방마다 여자들이 바지통이 큰 반바지에 팔 짧은 상의를 입고 누워 있다. 풍만한 가슴과 하얀 살결이 진한 체취를 풍긴다. 더러 나이 먹은 여자들이 바닥에 깔린 콩알만한 뜨거운 옥돌들을 하복부 옥문玉門에 부어놓고 젊음을 되찾고 있는 모습을 볼 때마다 웃음이 절로 난다. 육체파 여배우 같은 사람들도 있다. 붉그레한 얼굴에 송골송골한 땀방울이 붉은 장미꽃에 이슬이 맺힌 것처럼 예뻐 보이고 탐스럽기까지 하다. 그 순간 삽상한 바람이 불어오는 것 같고 무언지 알 수 없는 것이 가슴에 뭉클하게 차올라 숨을 막히게 한다.

누워있는 여자들을 쳐다보고 있으면 아내의 모습이 연상되어 다른 남자들이 다가가면 턱없는 질투가 난다. 그러나 그들이 나보다 훨씬 연로한 사람인 경우는 그 성정이 눈 녹듯 사라진다. 그런 틈바구니를 몇 차례 들락날락 하고나면 한결 젊어지고 신선한 기운이 충만해지는 것 같다.

찜질방을 자주 다니면 젊은 여자만 밝힌다며 아내가 질투할 것 같아 적당히 일반 목욕탕에도 간다. 목욕탕 유리문을 열고 들어서면 자욱한 물안개가 살갗에 사르르 달라붙어 아늑하게 느껴진다. 에덴동산의 아담을 닮은 사람들이 탕이나 수도꼭지 앞에 즐비하게 앉아 있는 모습이 모두가 티 없이 맑고 참한 사람 같다.

목욕물은 40도 정도가 가장 좋다고 한다. 탕 속에 들어가면 처음에는 약간 뜨겁지만 곧바로 시원하게 느껴진다. 어느 날 5척3치의 몸을 담그면서 아이 시원하다 하였더니 옆에서 지켜보고 있던 대여섯 살 되어 보이는 꼬마 아이가 "뜨거운데 시원하다고 하세요?"한다. 맞는 말이다. 그래도 몸 구석구석 살갗에 닿는 뜨거운 물이 시원하게 느껴지는 것을 어이하랴. 탕 안을 드나들며 머리에서 발끝까지 때를 밀어내고 물을 퍼 부을 때의 그 상쾌함은 무엇으로도 비길 대가 없을 것 같다.

몇몇 사람들은 화염지옥火焰地獄 같은 열탕에 들어 비계 덩어리를 빼내려 땀을 소낙비처럼 쏟으면서 헉헉댄다. 가슴에 꺼지지 않고 타오르고 있는 욕망, 노여움, 어리석음, 한스러움 속세의 티 끝도 함께 녹여내면 좋을 터인데…. 나도 저들과 함께 땀을 빼고 나왔어도 조금 전과 달라진 것이 하나도 없다. 그러다가 피곤해지면 쉴 수 있게 되어있는 방에 들어가 잠시 눈을 붙인다. 모두가 발가벗은 동료다. 잘나고 못난 사람도 없고 가난하고 부자도 없다. 어깨에 힘깨나 주는 사람도, 힘이 빠져 주눅 든 사람도 없다. 모두가 똑같다.

나는 평소에 사람들 앞에 잘 나서지 못하는 편이다. 하지만 목욕탕에 가면 작은 체격에 나의 신체에서 가장 중요시 하는 거시기도 덜렁거리며 어깨를 떡 벌리고 걸어 다닌다. 그래도 눈여겨보는 사람도 없고 간섭하는 사람도 없다. 우리가 살고 있는 세상이 목욕탕처럼 따뜻하고 평등 했으면 얼마나 좋을까? 생각하다가 문득 서 우승의 詩가 떠올라 옮겨 보았다.

다들 벗으니 / 마침내 정직하구나.
별의별 치장으로 / 가리웠던 저 진실들
더러는 / 훈장만 같은
흉터로 / 편력도 읽고
다들 벗으니 / 마침내 평등 하구나
빈부가 / 상하가 / 헛기침이 / 조아림이
증기 속 / 한데 어울려
세상과도 / 화해하네.

–목욕탕에서

목욕탕 밖으로 나오면 안에 있을 때와는 달리 변한 것이 아무것도 없다. 탕 안에서의 순수한 모습은 다 어디로 가고 입은 옷 값만큼 거드름을 피운다. '착용 의상 지배 현상' 때문일까? 아니면 가릴 것 다 가려 창피 할 것이 없으니 마음대로 행동해도 괜찮다는 것일까? 그럴 때마다 인간은 가면을 쓰고 살아가고 있다는 생각이 든다. 하기야 거짓 위僞자가 사람인人과 합쳐 위한다는 위爲자를 갖고 있으니 어쩌면 위선이라는 말도 그리 생길 법한 일이지만….

불교에서는 깨끗한 몸에서도 번뇌의 싹이 트고 꽃이 핀다고 한다. 중생이 죄를 지으면 죽어서 삼악도三惡道에 이른단다. 즉 지옥에 이르는 길, 짐승으로 태어나는 길, 늘 굶주림으로 목마름과 괴로움을 겪는다고 한다. 따뜻한 물에 찌든 때를 벗겨 내고 양귀비 같은 부드러운 살결 만드는 데만 정성을 드리기 보다는 옹달샘에서 새벽 첫물을 떠 장독대 위에 올려 놓고 정성껏 치성을 드리는 어머니의 마음으로 '속 때'를 씻어가며 사는 것이 도리일 터인데….

≪문학사계≫ 2002. 여름호

나눌수록 커지는 사랑

시내를 나갈 때면 버스 정류장에 있는 작은 가게에서 교통카드 등 필요한 일용품을 종종 사곤 한다. 주인아저씨는 한쪽 다리를 절고 아주머니는 말이 어눌한 편이다. 그들을 볼 때마다 나는 왠지 안쓰러워 뭔가 도와주어야겠다는 생각은 하면서도 그러지 못했다. 자세한 사정도 모르면서 일방적으로 그들의 삶이 불편할 것이라고 단정하는 것은 실례가 될 수도 있다는 생각이 들었기 때문이다.

낡은 옷이지만 늘 깨끗하게 입고 있는 모습이 보기도 좋았다. 나중에 안 일이지만 남들이 버리는 옷을 손질해서 입는다고 한다. 그들은 찾아오는 손님마다 웃는 얼굴로 반갑게 맞는다. 작은 물건을 팔더라도 수건으로 꼭 닦아 두 손으로 주면서 고맙다고 인사를 한다. 처음에는 별 생각 없이 지나쳤는데 볼수록 몸에 밴 친절과 겸손이 친근감을 준다. 손님이 없을 때는 가게 밖으로 나와 길에 버려진 쓰레기를 줍고 깨끗이 청소를 한다.

어느 날 우연히 그들 부부로부터 자기들 삶에 대한 이야기를 들었다. "우리는 주어진 여건대로 욕심 부리지 않고 살고 있어요. 아이들을 가르치느라 여유가 없어도 저축은 꼭 하지요. 이렇게 걸어 다닐 수 있는 것을 다행으로 생각하며 몸을 움직일 수 없는 사람이나 어려운 이웃이 있으면 적은 수입에서나마 조금 떼어 돕는다."며 웃어 보였다.

'웃음은 향내가 없어도 내 안에 있는 보물이며 상대에게 기쁨과 행복을 주는 요술 같다'고 한다. 언제나 웃음을 잃지 않고 있는 저들에게서 웃음의 참뜻을 느꼈다. 오늘도 혼자 살며 몸이 불편한 할머니 댁에 가서 밥도 지어주고 세탁을 해주고 온다고 한다. 그 말을 듣는 순간 무언가 알 수 없는 것이 가슴을 찡하게 울린다.

어려움 속에서도 정을 나누고 세상을 몸으로 느끼고 사는 모습이 더없이 포근하고 아름다워 보인다. 천년만년 살 것처럼 버리지 못하는 탐심貪心과, 오욕칠정五慾七情이 자기를 죽인다고 한다. 온갖 욕심을 이겨 내고 삶의 본질을 찾아야 하는데 그게 쉽지가 않다. 좋은 일을 하게 되면 하늘이 복으로 보답한다고 한다. 장애를 안고 살아가면서도 어려움을 딛고 하늘의 참뜻을 실천하고 있는 힘은 어디서 나오는 것일까. 마음의 평화를 얻고 행복을 누리고 사는 모습이 부럽다.

생명을 지탱하는 힘은 양식만이 아니라 사랑과 기쁨에서도 얻을 수 있음을 보여 주고 있다. 바로 지금 실천하는 선행을 보면서 사람이 얼마나 사느냐가 중요한 것이 아니라 자기에게 주어진 삶을 어떻게 살았느냐가 중요하다는 것을 새삼 느끼게 한다. 가난을 받아들일 줄 아는 삶, 스스로 선택한 청빈이 귀하게 느껴진다.

누구나 한 걸음 한 걸음 저승을 향해 가고 있다. 결국 마지막 길을 떠날 때는 동전 한 닢 가지고 갈 수 없다. 불교에서는 본래무일물本來無一物 "세상에는 자기 물건이 하나도 없다."고 한다. 그런데 생존에 필요한 소유를 벗어나 많은 재산을 갖고 자기만을 위해 쓰면서도 늘 물질 부족 증상에 시달리는 사람이 있는가 하면 비록 가진 것이 별로 없어도 마음은 부자로 이웃을 돕고 사랑을 베풀며 살아가는 사람이 앞서 말한 부부 뿐이겠는가. 인심은 사회의 거울이라 한다. 뽀얗게 먼지 낀 거울을 닦듯 세상을 닦으며 힘들게 모은 재산을 남을 돕는데 쓰는 사람들을 볼 때면 저절로 옷깃이 여며진다.

기쁨은 나눌수록 커지고 어려움은 나눌수록 작아진다는 것을 그들은 몸소 보여 주고 있다. 칼 마르크스는 "우리 삶의 목표는 풍부한 소유에 있는 것이 아니라 풍성하게 존재해야 한다."고

했다. 그래서 사람들은 자신을 순화시키기 위해 노력하고 종교도 갖는다. 그러다보니 종교인이 되고 선행을 베푸는 일을 하는 단체도 많지만 우리가 바라는 만큼 인심 좋고 사랑이 넘치는 사회는 아닌 것 같다.

마음이라는 것은 볼 수도, 만질 수도 없지만 그 안에 우주를 담을 만큼 커지기도 하고 때로는 바늘도 꽂을 수 없을 만큼 좁아지기도 한다. 기쁘고 즐거운 일도, 슬프고 괴로움도, 행복하고 불행하다는 것도 마음먹기에 달려 있다. 권력도 부귀영화도 지나고 나면 헛된 꿈이요 한없이 긴 세월도 생각에 따라 그 길이가 달라 질수 있는 것이다. 그래서 모든 것은 일체 유심조一切唯心造라 한다.

사랑은 빛도 색깔도 맛도 냄새도 없지만 가슴속 깊은 곳에 샘처럼 고여 아무리 베풀어도 줄지 않는다. 우리 모두 베풀고 나누면서 살 수 있으면 좋으련만 사람들은 자기에게 베풀어 주기를 바랄뿐 어려운 사람에게 힘이 되어주는 일에는 인색한 것이 오늘 날의 세태다. 욕심을 줄이고 사는 삶이 중요하지만 선을 베풀며 사는 것이 더 중요할 것이라는 생각이 든다. 문득 고려말 나옹선사(1262~1342)의

청산은 나를 보고 / 말없이 살라하고
창공은 나를 보고 / 티 없이 살라하네.
욕심도 벗어 놓고 / 성냄도 벗어놓고

바람같이 구름같이 / 살다 가라하네

세월은 나를 보고 / 덧없다 하지 않고
우주도 나를 보고 / 곳 없다 하지 않네
번뇌도 벗어놓고 / 욕심도 벗어놓고
강물같이 구름같이 / 말없이 가라하네

이승에 왔다가 육신을 벗고 아무 흔적도 없이 떠난다면 지금까지의 살아온 삶이 무의미할 것이다. 성녀 테레사 수녀나 간디 같은 위대한 희생과 봉사자가 아니더라도 샛강이 모여 큰 강이 되듯 작은 사랑이 모여 큰사랑을 이룰 수 있다.

추억 지우기

어느 날 둘째 아들이 어미에게 사귀고 있는 아가씨가 세상에 어떤 사람보다 이상적이고 제 성격을 잘 이해하여 준다며 결혼하겠다고 한다. 며느리 감은 우리 집 여건으로 보면 가정환경이나 학력이 기대 이상이다. 돈 씀씀이가 큰 것 같고 몸치장도 부담스러웠다. 생각 끝에 우리 수준에 맞는 아가씨면 좋겠다는 뜻을 전했다. 아이는 언제나 어미 아비 말에 순순히 따라주었다. 헌데 이번만은 포기할 수 없다며 강경하게 나왔다. 연애할 때야 행동 하나하나가 모두가 귀엽고 천사같이 예뻐 보일터이지만 아직 세상 물정을 잘 모르는 아이가 그 것을 알 턱이 없다.

어미는 살을 찌우고 아비지는 뼈를 키운다고 한다. 피와 살을 나누어준 부모지만 아들 이기는 장사 없다는 말이 실감이 났다. 결혼할 때도 아가씨 집안과 형평을 맞추어야 한다며 경제적으로 도와달라고 한다. 돈, 지위, 명성 등 원하는 것을 소유하면 행복하다고 생각하는 것이 요즈음 사회의 풍속이니 어쩌면 당연한 일인지도 모른다. 하지만 대 문호 톨스토이는 행복이란 "자기가 해야 할 일을 하는 것."이라 했다.

또 걷는 자만이 앞으로 나갈 수 있다고 하듯 내 자식만은 그릇된 풍속에 억매이지 말고 목표를 세워 그 성취감을 통해 당당하고 멋지게 살기를 바랐다. 또한 행복을 외부에서 찾기보다는 마음 속에서 스스로 얻었으면 했는데 그런 내 깊은 속내를 헤아리지 못하고 의지하려 들다니 가슴이 답답했다.

내가 어렸을 적에 운수업 하시던 아버지의 사업 실패로 학교를 중단해야하는 고통을 겪었기에 아직도 학교 이야기만 나오면 지난날이 떠오르면서 숙연해 진다. 공부를 제때에 하지 못한 것이 못내 억울하고 분했던 것이다. 그런 아픔을 내 아이들에게만은 대물림 하지 않으려고 어떤 일이 있어도 자기가 하고 싶은 공부도 하고 취미도 살리면서 인생의 길을 찾을 수 있도록 최선을 다했다. 그래서인지 나름대로 앞을 잘 꾸려가고 있다.

아내가 장모 건강 때문에 친정에 간지 여러 날 되었다. 아이들도 친구 집에서 자고 오겠다며 들어오지 않은 스산한 밤이었다. 잠이 오지 않아 창밖을 물끄러미 바라보니 아파트 창문들은 불이 꺼지고 유리창에는 빗방울이 툭툭 떨어지며 상여의 장식처럼 하얀 비 꽃들이 피었다가 산산이 부서진다. 먼발치로 지나가는 자동차의 불빛이 희뜩희뜩 사선을 그으며 시야에 나타났다 사라진다. 상념에 젖어 있노라니 만감이 교차한다. 자식에게 헌신하지 않은 보모는 없다. 나 역시 자식을 위해 아낌없이 주었던 이런저런 일들이 두서없이 생각나기도 하고 가슴을 짓누르기도 한다.

나도 세상을 볼 줄 모르는 맹인이지 않은가. 그러니 아이보다 나을 것이 없다는 생각이 들었다. 고집으로 타고 있는 불꽃을 죽여야 아들의 속마음을 헤아릴 수 있을 것 같았다. 그러자 지금까지 아들과의 갈등이 부질없게 느껴졌다. 성인이라면 누구나 삶에 대한 방식이 있고 행복을 추구할 권리가 있다. 자식이 부모의 뜻에 따라 주기를 바라는 이기심을 버리고 서로 간에 심리적 거리를 없앤다면 아무런 문제가 없을 것 같았다.

자식을 사랑한다는 것은 부모의 희생에 의해 이루어진 것이 아니라 부모로서의 자아의 확대이고 그 것을 승화시키는 과정이라는 생각이 들자 마음이 한결 가벼워졌다. 또한 무언가 되기를 기대하기보다는 차분히 바라 볼 수 있게 해준 것만으로도 자식이 부모에게 효도하는 것이라는 생각이 들었다.

지금까지 내 생각을 강요만 해 왔으니 아들은 그것들을 참고 견디기에 어려움이 많았을 것이다. 제 앞길은 제가 알아서 하도록 맡겨두고 이제부터는 좀 더 가벼운 마음으로 내 삶을 살아야지 하는 생각이 들었다. 갈잎처럼 윤기를 잃어버린 정신이 심한 몸살을 앓고 있는 것 같았다. 거친 호흡증세 속으로 들어온 기대도 슬픔도 파도가 방파제를 넘고 나면 언제나 평온해지듯 내 마음도 그렇게 되리라는 생각이 들었다. 시간이 지나고 나면 자식들도 내 속 뜻을 헤아려 보며 사랑으로 가꾸어 가리라 기대하면서…. 자식에 대해 나름의 생각을 바꾸고 나니 아집의 산물이나 다를 바 없는 흔적들을 정리해야겠다는 결심이 선다.

몇 년 전 이사하려고 물건들을 정리하다보니 아직 쓸 만한데도 쓰지 않은 물건들이 꽤 있었다. 그것들을 필요한 사람들에게 대부분 나누어 준바 있다. 이제 와서 다시 챙겨보니 거들먹거리며 치고 다녔던 골프채며, 그밖에 작은 소품들, 대한민국 육군 장교라는 자긍심 하나로 청춘을 불사르게 했던 정복도 있다. 군복 한 벌쯤은 기념으로 남겨두고도 싶었지만 그것마저 넘기기로 했다. 그러고 보니 벽면 한쪽에 앨범이 차곡차곡히 쌓여 있다. 저것들은 내가 그동안 지나온 역사의 기록물이며 삶의 지울 수 없는 행적이다.

또한 향기로운 기억의 조각들이고 내 인생의 갈피 속에 간직하고 싶은 보물들이다. 누군가 사진은 지난날을 비추는 거울이라 했지만 시간이 쌓이면서 기억도 희미해지고 다른 사람들에게는 필요 없는 것이어서 그것도 없애기로 했다. 피보다 진한 추억에 얽힌 미련을 버리기가 쉽지 않았지만 그래도 한 장씩 찢고 또 찢었다. 흙으로 가는 것이 내 지나온 삶에 편린들뿐이겠는가만, 그래도 한 줌의 재로 땅에 묻힐 것이라 생각하니 허전한 마음은 쉽게 어쩔 수가 없었다.

그 때마다 어려서 고생했던 일, 제 때에 학교를 다닐 수 없었던 일, 월남 전투에서 생사의 길을 넘나들던 일들이 어제 일처럼 다가왔다. 하지만 타버린 연년年年의 세월이 강물처럼 흘러갔음을 어이 하겠는가. 빛이 잠간 필름에 머물다간 흔적이 사진이라 했듯 아끼고 간직 했던 추억 덩어리가 한 줄기 빛이었다고 생각하니 그저 빈 하늘에 구름이 허망하게 피었다 사라지는 것 같았다.

가을에 단풍이 붉게 물들어 사람들에게 즐거움을 주는 것은 한해의 결실을 마무리 짓고 본래의 모습인 흙으로 가는 장렬한 산화가 아니겠는가. 가슴 저 밑바닥에서 싸하게 복받쳐 오는 감회가 가을비에 젖은 듯 춥고 시려 왔지만 지금 내가 앓고 있는 아픔도 자식들에게 모든 것을 다 나누어 주기 위한 사랑의 멀미는 아닐는지….

파로호의 탄식

파로호破虜湖는 6·25전쟁 전까지 북한 땅이었다. 한반도 중앙 북쪽에 위치하고 있어 공해 없는 환경이 잘 보존되어 있다. 파로호 이름의 유래를 생각하면 천연의 아름다움보다는 그때의 처절한 전투상황이 떠올라 등골이 서늘해진다.

1951년 5월 중공군과 한국군이 호수를 사이에 두고 치열한 전투로 몇 밤을 지새웠다. 국군의 승리로 전투가 끝나자 당시 이승만 대통령이 승전을 기념하기 위해 깨질 파破, 사로잡을 로虜, 물 호湖, 중공군을 쳐부수고 포로를 많이 잡은 호수란 뜻으로 이름을 그렇게 붙인 것이다. 입구에는 승전을 기념하기위해 세워진 전적비戰積碑가 호수를 지키는 보초처럼 서 있다.

그동안 50여년 넘게 세월이 흘렀으니 빛도 어지간히 바랬는데 전투 상황을 요약한 비문은 또록또록했다. 수많은 젊은 생명과 재산 파괴를 담보로 얻은 전적비는 위풍당당하다.

호수를 돌아보기 위해 배에 올랐다. 인걸은 간데 없고 갈매기만 떼 지어 우리 일행을 맞는다. 뭉게구름만 몇 점 떠 있는 하늘은 거울처럼 맑고 끝 간 데 없이 펼쳐진 푸른 호수에 출렁이는 물결이 한줌의 바람에도 범종의 메아리처럼 멀리멀리 퍼져간다. 물길 따라 앞으로 나가자 배 뒷전에 비친 산들이 수면에 물구나무로 서있고 해도 구름의 율동도 호수에 빠져 산산이 부서지고 있다.

호수 주위에는 기골이 장대한 장군처럼 가지를 크게 펼친 채 군데군데 서 있는 소나무들을 향해 잡목들이 포졸처럼 머리를 조아린다. 새 중에 학을 고고하게 생겼다 하여 으뜸으로 치고 소나무는 기풍이 있게 생겼다 하여 우리 옛 선조들이 좋아했다.

또한 소나무를 창관蒼官이라고도 부르는데 이는 푸른 하늘을 관리하는 나무라는 뜻이다. 한편 솔 나무라고 하는데 '솔'은 우리 옛말로 우두머리란 뜻이란다. 한자로는 송松인데 나무목木 + 귀공公의 합자合字다. 소나무는 하늘을 관리도 하고 귀공자 품위도 갖고 있으니 참으로 기품 있는 나무라는 풀이가 가능하다.

그래서 인지 주위에 있는 갈참나무, 낙엽송 나무들을 인자하게 돌보면서 위엄을 잃지 않은 채 처절했던 과거를 간직하고 있는 것 같았다. 빽빽한 그 사이로 이따금씩 쉥~쉥 지나가는 바람 소리가 영혼의 울음처럼 들렸다. 파라호를 둘러싼 산등성이에 붉게 핀 진달래는 핏빛으로 보이고 듬성듬성 박혀있는 바위들도 퇴색한 하얀 뼈 인양 느껴져 서글프다.

통통 배가 물이랑을 넘을 때마다 반세기전의 통일을 이루지 못한 채 끝난 전쟁이 못내 분하고 억울해서 우리 일행들을 향해 소리 없는 아우성치는 것 같았다. 귓밥을 세우고 있으려니 산과 들에서 무명용사의 신음소리가 송알송알 들리는 것 같기도 하고, 동료를 부르는 소리, 어머니! 하고 목메어 외치는 소리 같기도 했다.

그 소리들은 낮으면서도 장중하고 애절하게 가슴으로 파고든다. 전쟁으로 죽은 자에게는 이념도 한줌의 바람일 것이다. 패자는 물론 승자도 하나 밖에 없는 생명을 담보로 하는 전쟁이 흔연欣然 할 수는 없다. 어쩌든 한쪽은 가해자요 한쪽은 피해자다. 적고 많음이 다를 뿐 서로 간에 그만한 희생을 다 치른다. 전투에 몰입하는 순간순간의 그 행위를 과연 자기 목숨보다 더 중요하다고 생각했을까? 그런대도 지구 곳곳에서는 온갖 구실로 목숨을 앗아가는 전쟁이 계속되고 있다.

전쟁의 역사적 전례를 보더라도 위정자들의 목적 달성을 위한 발발이고 방어였다. 공산주의 야욕을 물리치기 위해 강화된 병력이 이곳 파로호에서 승리했지만 피지 못한 젊은이들이 얼마나 부모형제를 그리며 죽어 갔을까를 생각하면 이것보다 처절한 아픔도 없다.

죽음은 누만 년累萬 年 그래 왔듯이 젊은이들의 죽은 육체가 썩어 수증기로 하늘을 떠돌다가 안개나 구름, 비가 되어 강에 이르기도 하고 승천도 못한 남은 육신은 흙이 되고 말았다. 그때 호수는 주검으로 가득했고 핏빛 물결로 넘실거렸다니 인간의 진실과 참 모습이 무엇인지 묻고 싶었다. 내 앞에 펼쳐진 파란 물빛 속에 쓰라린 역사가 소리 나지 않게 숨 쉬고 있을 터이지만 언제 그런 참상이 있었느냐는 듯 무심한 바람은 내 몸을 시원하게 스치고 지나간다.

목숨은 어떠한 이유나 조건으로도 바꿀 수 없는 오직 하나뿐인데 비록 적이라고는 하지만 수많은 중공군들이 고향 하늘을 그리며 파로호 물속에서 생을 마감할 수 밖에 없었을 터이니 그 심정이 어떠했을까. 앞으로 진격해 가던 우리병사들인들 긴박하고 초조함 속에서 순전히 기쁘기만 했을 것인가? 인간이 근본적으로 추구하는 목표는 생명이 우선이고 질 높은 삶이라 하면서도 비극적인 전쟁이 상존하는 것은 참으로 아이러니가 아닐 수 없다.

전쟁과 청춘을 함께 했던 나는 그 시대의 뒤안길에서 그들의 숨소리, 몸부림이 내 몸 안에서 심한 두려움과 분노로 유전해서 함께하고 있음을 감지한다. 시대에 휩쓸려 어쩔 수 없이 떠난 그들을 생각하면서 몇 자 간추려 옮겨 본다.

텅 비어 / 푸른 거울 달아놓은 하늘
맑음이 쌓여 / 검게 멍든 빛깔의 호수에
나무들이 물구나무로 서서 / 제 모습을 비춰보고 있다
빛의 껍질도 구름의 율동도 빠져 / 허우적거린다.
물길 따라 배 / 뒷전에 이는 풍경들이
하얗게 이는 / 물비늘에 잘게 부서지고
바람은 빽빽한 숲에 들어 / 산의 울음을 터트린다.
능선에는 핏빛서린 진달래 / 오래된 시체 같은 검푸른 바위들이
슬픈 빛이다 / 호수가 신당神堂이나 되는 듯 소나무가
천하 대 장군처럼 지키고 있다.
목마처럼 출렁이며 / 먼~먼 기억 속으로 달려간다.
1951년 5월
수많은 군인들이 쫓고 쫓겨 / 초가을 갈잎 빛깔 옷 입고
긴박한 물길 넘어 호수의 입속으로 / 밟고 또 밟고 깊숙이 들어
갔다.
뱃전에 이는 파도가 / 솟구치며 내는 울부짖음이
저들의 서슬 퍼런 넋이 되어 / 하늘 꼭지점을 향해
몸부림치는 듯하고 / 알송송알 무슨 말 같기도 하고
동료를 부르는 소리 / 어머니~ ! 하는 소리
장중하고 애절하면서도 / 퍼렇게 날 새운 소리들이
귓가에 맴돈다.
먹장의 혓바닥으로 / 물꽃을 널름널름 삼킨
군복빛깔의 파로호※ / 용서를 비는 듯

제 살을 바위벽에 / 철썩철썩 때리고
밤이면 하얀 뼈를 닮은 / 창백한 달이
타다 남은 역사를 비추고 있다.

– 먹장구름 숨소리

※ 파로호 : 강원도 화천군 간동면 구만리에 있는 호수

동행한 동료들도 동력선 선장이 제안한 선실 가라오케를 거절한 채 파로호 비극을 상기하고 있는 듯 묵묵히 호수만 바라볼 뿐이다.

남의 나라 땅에 와서 육신을 호수에 묻고 떠난 그들과 함께 희생된 우리의 젊은 형제들의 혼령을 위해 들꽃 한 송이 꺾어 호수에 띄웠다.

죽은 자는 말이 없다. 죽은 자는 산 자를 고발하고 산 자는 죽은 자를 증언하라고 했다는데 무심한 물결만 출렁거린다.

배에서 내려 호수를 바라보고 있으려니 물빛 위로 햇살이 살가웠다. 파도가 푸른 혀를 날름거리며 뭍으로 기어오르다가 기진하여 철썩 솩~하고 내려간다. 그 소리가 하늘의 심장부에 떠도는 영혼의 탄식 인양 폐부를 찌른다.

인간에게는 애정을 유발하는 호르몬이 있고 증오도 발효하면 사랑이 된다고 했는데 영혼인들 그러지 않겠는가? 천상에 있는 저들을 위해 내가 해줄 수 있는 것이 아무것도 없다. 무심한 세

월은 어제도 갔고, 오늘도 가고, 내일도 갈 것이다. 만물은 고향으로 향한다 했으니 그의 말에 맡길 수밖에….

동화사桐華寺 목어를 만난 날

수필과 비평 대구 세미나 행사 다음 날, 동화사 '목어'에게서 나는 마른 천둥소릴 들었다. 그동안 무심코 지나치기만 했던 저 '목어'가 여름 찻더위를 식히려 찾아든 내게 큰 꾸짖음으로 팔공산에 세웠다.

절에는 물고기를 상징하는 것이 세 개 있다. 목어와 처마에 달려 있는 풍경 그리고 목탁이다. 목어는 불가 사물四物중의 하나다. 눈을 감지 않고 늘 깨어 있는 목어는 밤낮을 가리지 않고 수행의 도를 닦으라는 뜻을 보여주고 있다.

먼 바다를 그리며 쿵~쿵 종을 칠 때마다 고통을 이겨내며 중생을 일깨운다. 풍경은 땡그랑 땡그랑 울릴 때마다 정신을 다독여 주고 목탁은 속을 많이 비울수록 맑은 소리를 내고 그 맑은 소리가 중생으로 하여금 도를 깨우치게 한다.

그날따라 동화사 입구의 원음각에 달아 놓은 커다란 종과 한 발쯤 되어 보이는 목어木魚가 눈길을 끌었다. 목어가 힘겹게 매달려 제 몸을 아끼지 않고 부딪쳐 종을 치는 것이 특이하여 안내자에게 그 유래를 물어 보았다.

한 젊은이가 스승의 말을 듣지 않고 망나니짓을 하다가 갑자기 죽었다. 어느 날 그가 물고기로 환생하였는데 등에 나무가 하나 생겼다. 그게 점점 자라 몸을 움직일 때마다 고통이 심해 하루는 물가에 나와 울고 있었다. 그 것을 본 스님이 나무를 베어주며 지금까지 지은 죄를 씻으려면 네 몸을 종에 부딪쳐 깨우쳐야 한다는 말에서 유래된 것이다.

설명을 듣고 동화사 경내를 둘러보며 내내 목어와 나의 글쓰기를 생각했다. 늘 깨어있는 눈으로 내 몸을 부딪쳐 세상으로 퍼져나게 하는 '목어식 글쓰기'에 매달려야 한다는 생각이 들었다.

절을 찾은 사람들 중에는 자신이 구원받고 소원을 이루기 위해 기원하는 경우가 많다. 나 또한 동화사 들어서는 길목에 불로동不老洞이라는 곳을 지나면서 젊음을 간구하지 않았던가. 일행 중에 누군가 이곳에 살면 평생 늙지 않는다고 하였을 때 나는 그 늙지 않음을 진실로 믿고 싶었다. 불로주라는 술이 있는데 이번 기회에 꼭 한 병씩 사다 놓고 신선처럼 음미하라는 농弄에 모두들 웃었지만 내 마음은 신선이 될 수 있다면야 두주도 불사할 것 같았다.

일주문이 반긴다. 여기서부터 속俗과 승僧, 세간世間과 출세간出世間, 중생과 열반적정의 불국과 경계의 화두를 던진다. 불이문不二門을 지나며 중생과 부처가 둘이 아님을 깨닫는다. 사찰은 산의 명상 속에 만년의 적막을 거느리고 부처의 몸을 상징하는 석탑이 중생들을 자비의 세계로 인도 하고 있다.

비록 불은 켜 있지 않았지만 석등은 만인들의 가슴에 불심을 밝히려고 하는 듯 제 자리를 굳게 지키고 있다. 세상에서 가장 즐거운 것은 무아의 경지에 이르러 사심私心이나 망념妄念이 없이 일체의 번뇌에서 해탈해 죽지 않고 멸하지 않은 높은 경지라 했다. 그것을 깨우치려 여름 수행에 들어갔는지 스님이 한 분도 보이지 않는다. 스님들의 맑고 자비로움을 흉내 낸다는 것이 어렵겠지만 목어처럼 내 몸을 부딪쳐서 그 고통으로 글을 쓴다면야 얼마나 좋으랴 하는 생각이 든다.

그래야 글과 함께 마음도 맑아질 것 같아서다. 스님이 한 분도 없는 경내, 외려 고도孤島에 있는 듯 경건한 마음이 들었다. 불교문화를 꽃피웠던 선인들은 천 년 전에 떠나고 없는데 그들이 남긴 유적을 보러온 관람객들이 절터를 느릿느릿 걷는 모습이 여유롭다.

팔공산八公山, 공산公山은 '신령스러운 산'을 뜻한다. 공公자위에 팔八자가 놓이게 된 설이 분분하다. 여덟 장군이 순절한곳, 여덟 성인이 득도한 산, 여덟 고을에 걸친 산이란 뜻도 있다. 설화가 많은 것은 그만큼의 신비함을 지니고 있기 때문이 아닐까 하는 생각이 든다.

동화사는 서기 493년에 창건하여 유가사瑜伽寺라 부르다가 832년에 심지대사가 절을 중창할 때 오동나무가 상서롭게 피었다하여 동화사라 부르게 되었다. 절은 봉황鳳凰새가 날개를 펼치고 있는 모습이란다. 봉황은 하늘에 사는 상상의 새다. 그 새는 꿈속에서나 볼 수 있는데 절이 그처럼 아름답지는 않다. 봉은 숫컷을 말하고 황은 암컷을 말함인데 암수 한 쌍이 한가롭게 노니는 모습은 상상만으로도 흐뭇했다.

작은 부처들을 모셔놓은 영산전, 봉서루 등을 둘러보았지만 대웅전은 보수 관계로 내부를 볼 수 없어 아쉬웠다. 문화재로 마애불 좌상, 비로암, 삼층석탑 등이 있다. 영남 일대에서 크고 유명한 사찰중의 하나다. 대웅전 뒤쪽으로 칠성각七星閣이 있다. 조선조 억불정책으로 민중이 불공을 드릴 수 없게 되자 중생들을 절로 끌어 들이기 위해 산신에 예를 드리게 했다고 한다. 산신을 모시는 곳을 각閣, 부처님을 모시는 곳은 전殿이라 부른다.

절 좌측 깊숙한 곳에 역대 고승들의 영정이 모셔진 조사전祖

師殿이 있다. 그곳에 발을 들여 놓자 고승의 서릿발 같은 위엄이 묻어 날 것 같았는데 아담하고 중후함이 우리를 인자하게 맞아 주는 느낌이 들었다.

조선 영조 때 지어진 대웅전 기둥은 한 아름이나 되는 원목을 그대로 사용한 것이라 던 가 주춧돌을 파지 않고 그 위에 바로 새운 것을 일본사람들이 보고 어떻게 그렇게 할 수 있었느냐며 그때 우리 건축기술을 놀라워했다고 한다. 나무가 뒤틀렸는데도 건물은 평형을 잃지 않은 채 자연미가 살아 있어 더 포근하고 품위가 있어 보인다.

통일 대불전이 있어 들어갔다. 남북 평화통일을 염원하기 위해 세운 높이 33m, 둘레 16.5m의 '약사여래대불'이다. 몸체에는 미얀마 정부가 기증한 부처님 진신사리 이과二果를 모셔놓았다. 불상의 받침은 대리석 연꽃무늬로 장식되어 있고 그 앞 빈 터는 몇 백 명도 수용 할 만큼 넓지만 기도하는 신도는 하나도 없고 햇살만 가득 하다. 내 몸을 태워 자비를 구해야 하는 불심도 몸살처럼 들끓는 한낮의 무더위에는 어쩔 수 없는 모양이다.

마음으로 보아야 몸도 따라 갈 터이지만 그게 누구나 할 수 있는 일이 아니다. 불현듯 제 몸의 고통을 이겨내며 정신을 깨우치는 목어의 모습이 더 없이 숭고 하다는 생각이 드는 것은 어쩐 일일까.

부처님의 은공으로 용상龍床에 앉았다는 분이 '약사여래대불'을 세울 때 돈을 시주하고 '남북 평화통일 염원'과 왕성한 국운을 서원했다 한다. 그런 분이 거기에 구태여 자기 이름을 걸어 놓고 위용을 자랑하는 까닭을 알 수 없었다. 몸을 부딪쳐 종소리를 내는 목어와 거액의 시주를 한 그의 참뜻이 무엇일까 생각이 들었다.

길 찾기

군대에서 지도地圖와 연관된 직책에서 수년 동안 근무한 적이 있다. 그때는 일반 사회에서 활용하는 것보다 훨씬 복잡한 지도를 놓고도 처음 가는 길이나 첩첩 산중의 목표물을 어렵지 않게 찾아갔다. 이를 지켜보던 동료나 부하들이 나를 길 찾는 도사라 했다.

그런데 전역 후 사회에 나와 제일 어려운 것이 길 찾는 일이었다. 언제부터인가 나는 전력前歷에 비추어 이해할 수 없을 만큼 길눈이 어두워졌다. 어느 지역이나 목표물을 찾아가려면 묻고 또 물어서 간다. 그러다보니 장거리를 가야 할 경우에는 겁부터 난다. 일반인들이 활용하는 지도는 간편하고 누구나 쉽게 찾을 수 있게 되어있는데도 그걸 보고도 헤맸다.

어느 날, 웃지 못 할 일이 벌어졌다. 일산으로 이사하고 몇 개월 지나서였다. 서울에 갔다가 친구 차로 일산까지 왔다. 대략 방향은 짐작되는데 막상 집을 찾을 수가 없었다. 늦은 밤이라 누구에게 물어 볼 수도 없고 공중전화 박스도 보이지 않고 핸드폰도 없었으니 참으로 난감했다.

신도시답게 아파트모양이나 길들이 비슷비슷하여 아리송하기만 했다. 평소에 특정한 건물이라든가 어떤 기준 점을 정해 두었더라면 쉽게 찾을 수 있었을 터이지만 그렇지를 못했다. 할 수 없이 서울로 다시 갔다가 처음부터 기억을 더듬어 와야 했고 그렇게 헤맨 끝에 겨우 새벽녘에 집을 찾을 수 있었다. 그러니 친구는 친구대로 지치고 나는 나대로 미안했다.

군대생활 할 때 자신 있게 찾던 길도 사회에 나와서는 길 찾기에 무관심해지더니 뜻밖의 어려움을 겪었다. 생활에 목표도 없이 세월을 허송했으니 삶이 길을 잃을 만도 했다. '운명이란 제 갈 길을 찾아가는 내부의 힘'이라 했다. 누구나 목표를 정하고 길을 찾아가듯 제각기 살아가는 길이 따로 있다는 생각이 든다. 예술을 좋아하는 사람은 예술가로서, 사업을 해야 할 사람은 사업가로서, 정치인은 정치가로서의 길이 있다. 또 바른 길로 가는 사람이 있는가 하면 그렇지 않은 사람도 있다.

인생의 삶이란 7~80년 아니 그보다 더 긴 장거리 경주와 같다고 한다. 누구나 태어난 곳에서 영안실까지 가는 거리만큼 살면서 그동안 장애물에도 부딪치고 각자 나름대로의 어려움도 겪을 것이다. 어떤 흔적을 남기느냐 하는 것은 사람마다 살아온 길에 따라 달라질 것이다.

나는 군대생활을 마무리하고 새로운 길을 찾는다는 생각으로 기업체의 책임자로 근무했었고, 사업도 해 보았지만 기대했던 만큼 성공을 거두지 못했다. 하지만 무언가 새로운 길을 찾고 싶었다. 그러던 어느 날 막연히 '글공부 쪽으로 도전을 해보면 어떨까'하는 생각이 들었다. 하지만 어려서나 젊었을 때 책보는 것을 좋아하는 편도 아니었고 학교도 문학과는 거리가 먼 공업계통을 다녔다.

육군대학교에서 학생들을 지도한 적이 있었지만 그도 문학과는 거리가 멀었다. 군대 생활이란 조직적 틀에 의해 움직이는 집단이고 훈련에 많은 시간을 할애하다보면 문학에 관심을 둘 만큼 여유롭지 못했다. 그런데 우연히 대학에서 문학을 가르치던 친구와 몇몇이 술자리를 같이 하게 되었다.

술기운이 얼큰 하자 문학을 가르치던 친구가 "시詩는 가장 정제된 문학"이며라며 장황하게 설명을 늘어놓았다. 순간적으로 혹한 생각이 들었다. 그럼 '나도 시를 공부 해 볼까'했더니 주위에 있던 친구들이 자네 같은 사람이 시를 한다고? 지나가던 개가 웃겠다하며 빈정댔다. 약간 기분도 상하고 오기가 발동해 그럼 나라고 못 할 줄 아느냐 하며 큰 소리를 쳐버렸다.

그러고 나서 다음날 곰곰이 생각해보니 술 자석에서 했던 말이지만 그래도 약속은 약속인데 안하면 괜히 실없는 사람이 될 것 같았다. 기왕에 할 것이라면 최선을 다 하고 싶었다. 시와 수필을 함께하면 서로 보완이 되어 두 가지 모두 잘 될 것 같아 시작했다. 공부를 해 갈수록 수필은 어느 정도 이해할 수 있었지만 시는 점점 어렵고 도무지 무슨 뜻인지 알 수가 없었다. 그럴수록 더욱 열심히 해서 꼭 친구들에게 보란 듯이 보여주고 싶었지만 그것은 어디까지나 내 욕심일 뿐이었다. 함께 공부하는 문우들이 다양한 경험을 주옥같은 글로 표현하는 모습들이 무척 부러웠다. 나도 한 번 써봐야지 용기를 내어 쓴 나의 원고에 주위의 서릿발 같은 지적을 받을 때면 회의가 느껴졌고 할수록 힘이 들었다. 문학을 더 이상 계속한다는 것은 무모한 짓 같아 도중에 포기할 생각도 수차례 했지만 특별한 재주도 없는 사람이 이보다 더 보람된 일을 찾을 수가 없었다.

그보다는 친구들이 말리던 것을 시작했으니 쉽게 물러선다는 것은 내 의지력과 자존심의 문제였다. 비록 지금은 한 줄의 글도 쓸 수 없다하더라도 다른 사람들이 써온 글을 읽으면서 마음의 여유를 찾는 것도 좋을 것 같았다.

월남에서 소대장으로 근무할 때 전투에서 사선을 넘나들던 일, 건강 때문에 생사의 기로에서 오랜 투병생활을 했던 기억을 되새기며 목표를 이루고야 말겠다는 의지로 밤이 깊도록 책을 보며 공부를 했다.

나무가 잎을 하나둘 떨어뜨릴 때 제 살을 떼어내는 아픔이 있지만 낙엽이 쌓일수록 그것이 밑거름이 되어 다음 해에 더 무성한 잎과 열매를 맺듯 내가 지금 겪고 있는 어려움이 언젠가는 좋은 결과를 가져오리라 기대하면서 힘들고 포기해 버리고 싶을 때마다 마음을 다독이며 계속 했다. 꽤 오랜 세월이 흐르자 주위에서 많이 발전했다고 칭찬하는 일이 더러 있었다. 그럴 때면 어린 아이처럼 기쁘고 나름대로 열심히 한 것이 조금씩 그 결과가 보이는 것 같아 마음이 흐뭇해지고 자신감도 생겼다.

살아가는 일들은 작으나 크나 도전이고 그 때마다 어려움이 따른다. 다소 차이는 있어도 누구나 어떤 생각을 어떻게 행동으로 옮기느냐에 따라 성패가 결정된다. 지금은 시나 수필이 단순한 글공부가 아니라 자신을 성숙하게 하는 심신의 내조자라는 것을 알게 되었다. 인생사란 변화무쌍한 것이어서 내 삶이 언제 어떻게 바뀔지 모른다. 하지만 현재 가치 있고 의미 있는 글공부라는 길을 찾았으니 이것을 밑거름삼아 여생을 사는 것이 큰 보람이라는 생각을 한다. 나의 길 찾기는 종이에 그려진 지도가 아닌 마음에서 종착지를 찾는 일이다.

≪문학사계≫ 2003. 봄호

최 학 수필집

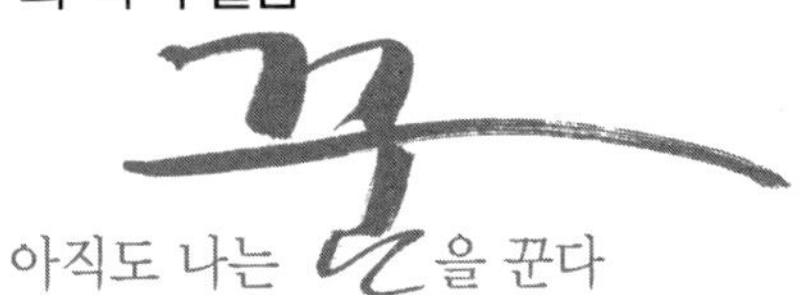

인 쇄 2008년 2월 5일
발 행 2008년 2월 11일

지은이 / 최 학
펴낸이 / 서 정 환
펴낸곳 / 좋은수필사

주 소 / 서울시 종로구 익선동 30-6
운현신화타워 빌딩 305호
전 화 / 02)3675-5635, 063)275-4000
등 록 / 1984년 8월 17일 제28호
e-mail / bestessay@hanmail.net

값 8,000원

ISBN 978-89-5925-412-5 03810